U0856479

有一种美，来自天然，你是群众心中最美的风景；

有一种美，来自心田，你心系百姓，爱人如己春风化雨；

你是大山的儿子，把脚印洒向基层，二十八年流逝的光阴将奉献的酒杯盛满；

你不是学者，却用自己的行动向人们讲述着一个浅显易懂的道理——奉献。

【英模档案】

朱国茂，男，汉族，1965 年 9 月 21 日出生，中共党员，海南省儋州市人，原儋州市公安局西联分局西华派出所所长，一级警督。1983 年 10 月参加工作，1988 年 11 月进入公安工作。从警 28 年来，历任儋州市公安局西联分局西华派出所民警、副所长、教导员、所长。2016 年 3 月 6 日凌晨，朱国茂同志在连续一个月的高负荷工作后，突发心肌梗塞，牺牲在工作岗位上，年仅 51 岁。

2018 年，朱国茂同志被公安部追授为全国公安系统二级英雄模范。2017 年，朱国茂同志被公安部授予全国公安系统“情暖万家·公安派出所好民警”荣誉称号，荣获第六届全国道德模范提名奖，被中共海南省委追授为海南省优秀共产党员，被中共海南省委宣传部追授为海南时代楷模，被授予“海南省敬业奉献模范”、“中国网事·海南好人 2017”年度十大人物、“感动海南”2017 十大年度人物等荣誉称号。自参加公安工作以来，朱国茂同志曾荣立个人三等功 3 次，荣获儋州市优秀党务工作者、优秀共产党员、优秀民警、先进工作者、个人嘉奖等荣誉。

海南时代楷模

朱国茂

海 南 省 公 安 厅 编

中国人民公安大学出版社
群众出版社
·北京·

图书在版编目 （ C I P ） 数据

海南时代楷模朱国茂 / 海南省公安厅编著. -- 北京 : 中国人民公安大学出版社, 2017.12

ISBN 978-7-5653-3155-8

Ⅰ. ①海… Ⅱ. ①海… Ⅲ. ①朱国茂一生平事迹 Ⅳ. ① K828.2

中国版本图书馆 CIP 数据核字 (2017) 第 305297 号

海南时代楷模 朱国茂

海南省公安厅 编

出版发行：中国人民公安大学出版社
地　　址：北京市西城区木樨地南里
邮政编码：100038
经　　销：新华书店
印　　刷：天津盛辉印刷有限公司

版　　次：2018 年 9 月第 1 版
印　　次：2018 年 9 月第 1 次
印　　张：15
开　　本：787 毫米 ×1092 毫米　1/16
字　　数：148 千字
书　　号：ISBN 978-7-5653-3155-8
定　　价：45.00 元

网　　址：www.cppsup.com.cn
www.porclub.com.cn
电子邮箱：zbs@cppsup.com
zbs@cppsu.edu.cn

营销中心电话：010-83903254
读者服务部电话（门市）：010-83903257
警官读者俱乐部电话（网购、邮购）：010-83903253
公安业务分社电话：010-83905672

编辑委员会

用生命诠释信仰和忠诚

琼公宣

信仰是不断前行的路标，忠诚是人民警察的坚守。全国公安系统二级英雄模范、海南省儋州市公安局原西华派出所所长朱国茂同志，就是用生命诠释信仰和忠诚的杰出代表。魂系苍生，情洒热土，朱国茂的精神具有超越时空的魅力，他把群众利益高高举过头顶；甘于奉献，恪尽职守，他用生命诠释了一名共产党员的崇高信仰，诠释了新时代海南公安对党的绝对忠诚！

朱国茂同志作为鼓舞全体公安民警不断前进的旗帜和路标，我们必须深学、细照、笃行，把朱国茂的精神注入到公安工作的一点一滴，注入到公安民警的一言一行，注入到服务群众的一时一事。

这是一种对党忠诚、牢记宗旨的信仰。他扎根派出所，牢记人民公安为人民的根本宗旨，忠诚履职，认真查处各类治安案件、调解民事纠纷。他所调解的500余起民事纠纷，无一起因调解不当而导致矛盾激化引发犯罪，有效维护了辖区的和谐稳定。

这是一种服务人民、默默奉献的信仰。他30年服务群众在基层，始终把群众利益放在第一位，将群众诉求记录在28本、一百多万字的“警情日记”中，字里行间流露着对公安事业的无比执着和对人民群众的大爱情怀。

这是一种执法公正、守护正义的信仰。扎根垦区30年，他秉公执法、英勇向前、敢于担当，始终战斗在打击违法犯罪的最前线，维护正义寸步不让，辖区治安由大乱到大治，面貌焕然一新。

这是一种纪律严明、清正廉洁的信仰。他一生勤俭朴素、廉洁奉公，坚持原则、铁面无私。他把党和政府的形象、人民警察的声誉看得比生命还珍贵。他为民不负公仆之心、握权不谋一己之利，堂堂正正做人、干干净净做事，始终坚守共产党人的精神家园。

朱国茂同志的先进事迹得到了各级领导的高度关注，朱国茂同志先后被授予全国公安系统二级英雄模范、海南省优秀共产党员、海南时代楷模等荣誉称号，成为了全国200万人民警察学习的榜样，成为了海南公安队伍的光荣和骄傲。

海南建省办经济特区30年来，共有17名民警被授予全国公安系统一、二级英雄模范称号，有10名民警受国务院表彰，有7名民警被授予全国特级优秀人民警察，有25个单位受国务院、公安部表彰，13个单位荣立集体一等功。朱国茂同志以及众多海南公安民警的先进事迹昭示我们，身为人民警察，就要把习近平总书记“对党忠诚、服务人民、执法公正、纪律严明”的总要求贯彻到从警生涯的始终，以实际行动赢得群众的信任和支持。只有这样，才能汇聚起平安海南建设的强大正能量。

将朱国茂同志的先进事迹汇编成书，目的就是让我们更加了解、学习和践行朱国茂精神，并将他的精神转化为自觉的行动。海南公安机关要高举习近平新时代中国特色社会主义思想伟大旗帜，深入学习贯彻习近平新时代中国特色社会主义政法思想，把出发点放在不断增强人民群众获得感、幸福感、安全感的总目标上，坚持“一地两岛”警务战略，树立筑牢防范基础、提升管控水平、增强打击能力、践行服务宗旨的理念；把着力点放在向改革要警力、向科技要警力、向提升素质要警力、向整合资源要警力的路径上，推进实施改革创新、科技智能、基层基础和队伍建设四大工程，实现全省整体公安工作达到或高于全国平均水平、部分工作进入全国先进行列的目标；把落脚点放在全身心投入到海南全面深化改革开放、建设海南自由贸易试验区、中国特色自由贸易港上，以扎实的工作营造更加安全的政治环境、更加稳定的社会环境、更加公正的法治环境和更加优质的服务环境。

问苍穹何者不朽？唯信仰与忠诚永不落幕！

是为序。

目录 CONTENTS

第三篇　报道·视角 //57

第四篇　反响·观点 //121

第一篇
学习·决定

他以强烈的事业心和责任感，带领民警大力开展治安管理防范，严厉打击违法犯罪活动，果断处置群体性事件，积极化解矛盾纠纷，使辖区长期存在的农场与村队之间的矛盾逐渐缓和并得到妥善解决，辖区治安状况明显好转。他始终牢记并努力践行全心全意为人民服务的宗旨，主动帮扶辖区困难群众，积极协调帮助 40 余名青年解决了就业问题，赢得了当地群众的信任与爱戴……

特命令：追授朱国茂同志全国公安系统二级英雄模范……

致敬海南公安英烈

中华人民共和国公安部命令

公奖字〔2018〕58号

关于追授朱国茂同志全国公安系统二级英雄模范的命令

海南省公安厅:

你省儋州市公安局西联分局西华派出所所长朱国茂同志，自1988年参加公安工作以来，始终扎根基层一线，忠诚履职、无私奉献，取得了突出的工作成绩。特别是2004年担任西华派出所所长后，他以强烈的事业心和责任感，带领民警大力开展治安管理防范，严厉打击违法犯罪活动，果断处置群体性事件，积极化解矛盾纠纷，使辖区长期存在的农场与村队之间的矛盾逐渐缓和并得到妥善解决，辖区治安状况明显好转。他始终牢记并努力践行全心全意为人民服务的宗旨，主动帮扶辖区困难群众，积极协调帮助40余名青年解决了就业问题，赢得了当地群众的信任与爱戴。他曾先后荣立个人三等功3次，多次被评为优秀党务工作者、优秀共产党员、先进个人等。2016年3月6日凌晨，朱国茂同志因连续超负荷工作劳累过度，突发心肌梗塞，经抢救无效不幸牺牲，年仅51岁。

特命令：追授朱国茂同志全国公安系统二级英雄模范，颁发奖章和证书，奖励人民币5万元。

部　长　趙克志

2018年3月16日

抄送：本部党委，三局。

中共海南省委关于追授朱国茂同志“海南省优秀共产党员”称号的决定

（2017 年 8 月 22 日）

朱国茂，男，汉族，海南儋州人，1965 年 9 月出生，1983 年 10 月参加工作，1995 年 6 月加入中国共产党。生前曾任儋州市公安局西华派出所民警、副所长、教导员、所长。2016 年 3 月 6 日凌晨，在连续高负荷工作一个月后，突发心肌梗塞经抢救无效殉职，年仅 51 岁。

朱国茂同志是我省新时期优秀基层党员干部，是践行党的群众路线的先进代表，是“两学一做”学习教育中涌现的先锋模范。他扎根垦区 30 年，忠肝铸警魂，铁胆保平安，在平凡的工作岗位上作出了不平凡的贡献，塑造了基层民警爱民为民的良好形象，赢得了当地群众的一致好评。他忠诚可靠、恪尽职守，认真查处各项治安案件，调解民事纠纷 500 余起，无一起因调解不当而致矛盾激化或引发犯罪，有效维护了当地的和谐稳定。他英勇向前、敢于担当，始终战斗在打击犯罪的最前线，面对近百起因退场风波引发的垦区群体性冲突从未退缩，亲手抓捕闹事的骨干分子，维护正义寸步不让。他扎根基层、秉公执法，不争功、不请赏，在工作中不放过一个坏人，也不冤枉一个好人，从未用手中的权力为个人谋取私利。他从警以来始终以所为家、一心为民，始终把群众利益放在第一位，连续15年将群众诉求记录在28本、一百多万字的“警情日记”中，帮助解决农场青年就业、安置刑满释放人员等群众关心的诸多问题。自参加公安工作以来，他先后荣获个人“三等功”3次以及“优秀共产党员”“优秀党务工作者”“优秀民警”等 32项荣誉，被推选为“感动海南”2016十大年度人物候选人，2017年被评为全国公安系统“情满万家公安派出所好民警”。他以实际行动诠释了一名共产党员的先进性，用生命和热血塑造了“四讲四有”的共产党员的良好形象。

为表彰先进、弘扬正气，激励广大党员坚定信念、牢记宗旨，实干担当、无私奉献，凝心聚力、奋力拼搏，充分发挥先锋模范作用，省委决定，追授朱国茂同志“海南省优秀共产党员”称号。省委号召广大党员干部向朱国茂同志学习，学习他对党忠诚、信念坚定、牢记使命的政治品格；学习他勇于担当、以身作则、迎难而上的拼搏精神；学习他扎根基层、从警为民、竭诚奉献的公仆情怀；学习他无惧无畏、不向邪恶低头、敢于同各种违法乱纪行为斗争到底的浩然正气；学习他刚正不阿、清正廉洁的优秀品质。

全省各级党组织在深入推进“两学一做”学习教育常态化制度化中，要组织引导广大党员干部向朱国茂同志学习，以先锋模范为榜样，立足岗位履职尽责，自觉践行“四个合格”，进一步密切联系群众，凝心聚力，奋力拼搏，为全面落实省第七次党代会提出的各项目标任务，加快建设经济繁荣、社会文明、生态宜居、人民幸福的美好新海南作出新的更大贡献，以优异的成绩迎接党的十九大胜利召开！

中共海南省委办公厅

2017 年 8 月 22 日

中共海南省委宣传部
关于追授朱国茂同志“海南时代楷模”
荣誉称号的决定

朱国茂同志，生前是海南省儋州市公安局西联分局西华派出所所长。他 28 年如一日，扎根基层、淡泊名利，以警为荣、以所为家，英勇无畏、敢于担当，一心为民、廉洁奉公，倾注毕生心血，守护一方平安，百万警情日记生动诠释了一名基层优秀共产党员的精神追求和责任担当。获评全国公安系统“情满万家·派出所好民警”荣誉称号，中共海南省委追授“海南省优秀共产党员”，曾荣获个人“三等功”3 次，其他荣誉 32 项。为深入学习宣传朱国茂同志的先进事迹，大力弘扬他的崇高精神和高尚品德，积极培育和践行社会主义核心价值观，为建设美好新海南提供强大精神动力，中共海南省委宣传部决定，追授朱国茂同志“海南时代楷模”荣誉称号。

中共海南省委宣传部

2017 年 9 月 5 日

中共海南省公安厅委员会
关于向朱国茂同志学习的决定

琼公委通〔2017〕57 号

朱国茂，男，汉族，1965 年 9 月出生，中共党员，海南省儋州市人，原儋州市公安局西联分局西华派出所所长，一级警督。2016 年 3 月 6 日凌晨，朱国茂同志在连续一个月的高负荷工作后，突发心肌梗塞，牺牲在工作岗位上，年仅 51 岁。

朱国茂同志从警 28 年，始终坚持扎根基层一线，忠诚履职，无私奉献，一心扑在工作上，以实际行动守护一方平安，赢得了当地群众的信任和爱戴。朱国茂同志曾荣立个人三等功 3 次，荣获儋州市优秀党务工作者、优秀共产党员、优秀民警、先进工作者、个人嘉奖和模范家庭等荣誉 32 项。2016 年 11 月，朱国茂同志被推选为“感动海南”2016 十大年度人物候选人；2017 年初，公安部授予朱国茂同志全国公安系统“情满万家・公安派出所好民警”荣誉称号。

为深入学习贯彻习近平总书记在会见全国公安系

统英雄模范立功集体代表时的重要讲话精神，大力弘扬公安英模精神，进一步学习宣传朱国茂同志的先进事迹，弘扬正气，激励斗志，把全省公安机关“两学一做”学习教育常态化制度化推向深入，省公安厅党委决定，号召全省公安民警和公安现役部队官兵向朱国茂同志学习。

一、学习朱国茂同志忠诚可靠、勇于担当的崇高境界

作为基层公安民警，朱国茂同志28年如一日奋战在公安基层一线，忠诚履职、忘我工作，全心全意保一方平安。在工作中，无论面对怎样的危险，朱国茂同志始终勇于担当，身先士卒，冲锋在前。2006年至2008年期间，西华农场因退场风波，群体性事件频发，在处置过程中，朱国茂同志始终战斗在第一线。2008年8月的一个夜晚，200多人潜入西华农场偷胶，因为天黑，摸不清对方虚实，年轻民警不敢上前，朱国茂同志不顾自身安危，带头勇敢地冲了上去，一把将违法犯罪团伙头目按倒在地，其他民警一拥而上，抓获了多名偷胶者。有力地震慑了违法犯罪分子的嚣张气焰。针对西华农场严峻的“盗砍伐”问题以及无业青年打架斗殴居高不下的发案率，朱国茂同志积极发展治安联防队伍，打掉治安乱点，捣毁恶势力团伙，

西华农场的治安面貌焕然一新。面对违法犯罪分子，朱国茂同志从来没有退缩过，以血肉之躯筑起了辖区安全的铜墙铁壁。他的先进事迹，高度体现了“忠诚、为民、公正、廉洁”的人民警察核心价值观，生动诠释了共产党员“牢记宗旨、一身正气、勤政爱民、甘于奉献”的高尚情操，是党员干部“两学一做”的典范，是新时期广大党员干部学习的楷模。向朱国茂同志学习，就是要学习他始终把党的宗旨铭刻在灵魂中，坚持正确的理想信念，把对党的忠诚熔铸在血液里，永葆忠于党、忠于祖国、忠于人民、忠于法律的政治本色，以共产党员的标准严格要求自己，坚定信念、坚持原则，做维护法律尊严、维护社会大局稳定的捍卫者。

二、学习朱国茂同志以所为家、以警为荣的公仆本色

从成为一名警察开始，朱国茂同志就将人民公安事业视为自己的终身追求，从未动摇过。他以所为家，只要不出警和外出开会，无论有事没事他都待在办公室，就算回家也只是匆匆吃口饭。其实，朱国茂的家与派出所仅有一百多米的距离，但是朱国茂每次下班后，都是妻子催促他几次才回家吃饭，吃完饭就返回派出所。他的妻子邱少英说，“他从警28年，从来没有为自己的私事请过一次假”。蔡如云一直是朱国茂的领导，他说，分局每次组织的明察暗访，不管是晚上几点，朱国茂都在派出所，就在殉职的当晚也是在所里处理案卷到半夜。他以警为荣，每天忙完工作后，都要在办公室把当天的警情记录下来，28年来从未间断，留下的“百万警情日记”，密密麻麻地记录着每天的工作情况，字里行间流露着对公安事业的无比执着和对人民群众的真情实感。全省公安民警和公安现役部队官兵要以朱国茂同志为榜样，始终恪守“权为民所用、情为民所系、利为民所谋、事为民所办”的公仆情怀，干一行、爱一行，钻一行、精一行，爱岗敬业、勤勤恳恳，任劳任怨、甘于奉献。

三、学习朱国茂同志牢记宗旨、亲民爱民的高尚情怀

朱国茂同志始终牢记“立警为公，执法为民”的宗旨，对人民群众怀有深厚的感情，把群众当亲人，群众的事不论大小，他总会办好办实。在辖区里，他走家串户，遇到谁家有难事，他都要伸手管一管；碰到矛盾纠纷，他都会及时调解。在他当所长的十多年里，经他成功调解的民事纠纷达500多起，其中不少纠纷如果处理不好，很有可能激化，甚至引发违法犯罪案件。一提起朱国茂，西华农场的王某鑫就会感动得热泪盈眶。王某鑫是一个孤儿，2012年曾因寻衅滋事等

多项罪名被法院判处有期徒刑 3 年，刑满释放后，由于有前科，加上文化程度低，王某鑫找工作屡屡碰壁。朱国茂知道后，一方面在生活上关心他，思想上开导他，引导其重新回归社会；另一方面主动找到当地的企业家，介绍王某鑫做竹子生意，引导王某鑫走上了正道。作为所长，朱国茂同志经常为如何管好辖区治安绞尽脑汁。他积极协助农场组织农业合作社，并亲赴广东联系工厂，解决西华农场青年的就业问题，避免大量无业青年在社会上闲散游荡造成治安隐患，敬业、亲民、爱民，是辖区干部群众对朱国茂同志的评价。向朱国茂同志学习，就是要学习他牢记人民公安为人民的誓言，把密切联系群众作为工作方法和行为习惯，坚持从点滴小事做起，从身边的事做起，急群众之所急、帮群众之所需，真心实意、千方百计为群众排忧解难，在为人民服务过程中践行宗旨、实现人生价值。

四、学习朱国茂同志尽职尽责、献身事业的敬业精神

从协警到正式警察，从副所长、教导员再到所长，朱国茂同志恪守业精于勤的信念，认真做好每一项工作直至生命最后一刻。身为一名警察，朱国茂无愧于肩上的使命，无愧于西华地区的人民。为了维护辖区社会稳定，朱国茂带领所里的同志，集思广益，多措并举，大力整治治安乱象，有力地扭转了西华农场的治安被动局面，群众的安全感和满意度不断提升。山东老板季建濰想在西华农场承包一片地建香蕉基地，担心这里的治安不好，朱国茂用种种暖心之举打消他的顾虑，基地建成后又多次带队到种植园询问有没有发生敲诈勒索的情况，随时提供治安保护。木棠镇春节调声活动安保、白马井镇元宵节活动安保、辖区“净土行动”春季会战等，在生命最后的一个月里，朱国茂忙碌的脚步从未停歇。每天起早贪黑的劳碌，终于让这位年仅 51 岁的警察在与生命的赛跑中输掉了“比赛”，在胸闷、冒冷汗、手脚发软、重感冒持续数日之后，2016 年 3 月 6 日凌晨 3 时许，朱国茂突发心肌梗塞，经西华农场医院抢救无效而壮烈殉职。临走的一刻，朱国茂来不及给妻子留下什么嘱咐，只是叮嘱战友秦日强说“把枪交回所里”。朱国茂用近乎完美的人格诠释了警察这个神圣的职业，同时也诠释了生命的真正内涵。他用平凡而短暂的一生，把党和人民的利益看得高于一切，为了公安事业默默奉献，用热血生命谱写了一名人民警察壮丽的人生篇章。向朱国茂同志学习，就是要学习他对公安事业的执着和奋发有为的精神，以强烈的事业心和责任感做好本职工作，真正把心思用在干事业上，以精益求精的态度去钻研业务，以坚韧不拔的精神去破解难题，以担当的精神扛起责任，正确履行党和人民赋予公安机关的神圣职责。

五、学习朱国茂同志甘守清贫、廉洁奉公的高尚品格

朱国茂同志把党和政府的形象、人民警察的声誉看得比生命还珍贵。他一生勤俭朴素、廉洁奉公，坚持原则、铁面无私，得到同事和辖区群众的普遍赞誉。朱国茂同志一家3口，父母过早离世，他家境并不富裕，住的是农场20世纪80年代分配给他的房子，家中没有一件像样的家具，儿子大学毕业后没有找到工作，他的二姐在农场退休后长期疾病缠身需要他的帮助。但他勤俭节约，帮助农场困难职工不计其数，面对带烟酒等礼品上门求情的群众或犯罪嫌疑人家属，朱国茂多次叮嘱家人“任何礼物坚决不能收”，无论是同事还是亲朋好友，都被他严词拒绝。向朱国茂同志学习，就是要学习他牢固树立正确的权力观、地位观和利益观，立身不忘做人之本，为民不负公仆之心，握权不谋一己之利，堂堂正正做人、干干净净做事，淡泊名利、大公无私，始终坚守共产党人的精神家园。

全省各级公安机关要把向朱国茂同志学习作为践行人民警察核心价值观、构建和谐警民关系的重要内容，把学习先进典型与学习贯彻落实海南省第七次党

代会精神紧密结合起来，与推进“两学一做”学习教育常态化制度化结合起来，营造争先创优、比学赶超的浓厚氛围，按照“对党忠诚、服务人民、执法公正、纪律严明”的总要求，奋发进取、脚踏实地、扎实工作，以良好的精神状态和饱满的工作热情，在本职工作岗位上争创一流业绩，为我省公安工作作出新的更大的贡献，以优异成绩迎接党的十九大胜利召开。

中共海南省公安厅委员会

2017 年 4 月 24 日

中共儋州市委员会
关于开展向朱国茂同志学习的决定

朱国茂同志，男，1965 年 9 月 21 日出生，中共党员，一级警督，海南儋州人，1983 年 10 月参加工作，1988 年 11 月参加公安工作。从警 28 年来，历任儋州市公安局西联分局西华派出所民警、副所长、教导员、所长。参加公安工作以来，他曾荣立个人三等功 3 次以及荣获优秀党务工作者、优秀共产党员、优秀民警、先进工作者、嘉奖和模范家庭等荣誉 32 项。2016 年 3 月 6 日凌晨，在连续高负荷工作一个月后，突发心肌梗塞经抢救无效殉职，年仅 51 岁。2016 年 11 月，朱国茂同志被推选为“感动海南”2016 十大年度人物候选人。

朱国茂同志扎根基层、心系百姓、真诚为民，在西华追求和实现着自己的人生价值，他是践行社会主义核心价值观体系的表率，他的事迹高度体现了“忠诚、为民、公正、廉洁”的人民警察核心价值观，也生动诠释了一名共产党员服务基层、奉献社会的高尚情操，他用实际行动阐述了“两学一做”的知行合一精神。

国务委员、公安部部长郭声琨（时任），省委书记、省人大常委会主任罗保铭，省委副书记李军，公安部政治部主任，省委常委、宣传部部长许俊等领导对宣传朱国茂同志先进事迹分别作出重要批示。为了大力弘扬朱国茂同志的崇高精神和先进事迹，推动社会主义核心价值大众化、凝聚全市干部群众力量，使朱国茂同志的奉献精神更加深入人心，市委决定，在全市组织开展向朱国茂同志学习的活动。

一、向朱国茂同志学习，就是要学习他忠诚可靠、英勇无畏的坚定信念。朱国茂同志始终把忠于党、忠于祖国、忠于人民、忠于法律作为人生价值和精神追求，自觉以永不懈怠、昂扬向上的精神状态投身到工作中，用自己的实际行动诠释了人民警察核心价值观，充分展现了一名共产党员、人民警察忠诚可靠的政治本色，无私无畏的英雄气概。2006 年至 2008 年期间，因退场风波引发的群体性冲突近百起。但无论面对什么样的危险，朱国茂同志从未退缩。2006 年 7 月 20 日，为“救出”当天被朱国茂亲手抓捕的“闹退场事件”的骨干分子符某芳，500 余名并场村队农民先是围攻西华农场场部，随后又涌向西华派出所，扬言要“捉拿”朱国茂。2008 年 1 月的一天，来自 11 个村庄的 200 多人聚集在西华农场场部，浩浩荡荡扬言要攻打场部办公楼。朱国茂同志带领全副武装的派出所民警及农场联防队队员20多人在路口设卡。闹事队伍到达后，将事先准备好的烟花礼炮对着朱国茂一班人就是一顿“轰炸”。朱国茂同志带领民警和联防队员们手持盾牌顶着“炮火”寸步不让。处理这样危险重重、有可能献出宝贵生命的群体性事件，朱国茂同志从来没有退缩过，为西华农场的平安作出了贡献。

二、向朱国茂同志学习，就是要学习他以所为家、以警为荣的人生选择。朱国茂同志从警以来，从协警到正式警察，从副所长、教导员到所长，28年来一直在西华农场默默耕耘。面对警力不足的情况以及农场片区的复杂工作，朱国茂同志以实际行动将民风原始彪悍、地形复杂多变的西华农场变成了一个长治久安的地方。在西华派出所，最早到的人是他，最晚退的人是他，午夜唯一亮着灯的房间是他的办公室。忙完每天的具体工作，他都要把一天的警情记录下来，28年来，他从未间断，记录下了百万字的《警情日记》，这些《警情日记》清晰记录了这些年他所经历过的所有警情，几乎可以说是一部长长的基层“民警史”，给分析案情提供了很多宝贵的线索，更给后人总结基层民警的工作方法、经验，提供了大量鲜活的案例。朱国茂同志的家距离派出所仅有两三百米的路程，他待在所里的时间超过了家里。下班后，他还是在所里，妻子三番五次打电话催回来吃饭，他才会慢慢踱步回家。有时遇到群众过来办事，他又会折返回去。从成为一名警察开始，他就以所为家、以警为荣，将警察事业视为自己的终身追求从未动摇过。

三、向朱国茂同志学习，就是要学习他一心为民、不求回报的思想境界。朱国茂同志牢固树立“立警为公、执法为民”理念，始终把党和人民的利益放在高于一切、重于一切的地位，时刻把群众的冷暖安危挂在心上，从点滴做起，急群众之所急，帮群众之所需，真心实意、千方百计为人民群众排忧解难。失足青年王某鑫是一名孤儿，刑满释放后，朱国茂同志主动关心他，不厌其烦地找他谈心开导，介绍他从事竹子生意。朱国茂同志是犯罪分子的“克星”，在他生命的最后3年里，西华派出所侦破各类刑事案件23宗，查处治安案件136起，极大地扭转了西华地区因退场风波诱发的不稳定局面。谢学伟在西华场部开了一间小超市，一些青年喝酒后经常到超市借机闹事。谢学伟一报警，朱国茂同志总是第一时间或亲自到场处置。很多次，他自掏腰包，帮助困难群众脱贫致富；他铁面无私，亲自将自己吸毒的侄子抓入监狱；他公私分明，面对熟人的求情，有理有据地拒绝；他热心助人，帮助老革命阿婆解决邻里纠纷……向朱国茂同志学习，便是学习他一心为民、不求回报的思想，将群众冷暖记挂于心，事无巨细为群众办事，做群众的暖心人。

四、向朱国茂同志学习，就是要学习他兢兢业业、实事求是的工作作风。朱国茂同志恪守业精于勤的信念，把各种业务知识融会贯通，坚持常年深入辖区了解情况，认真做好每一项工作。面对农场严峻的盗砍伐，待业青年打架斗殴等高居不下的案发率，朱国茂同志积极发展联防队伍、打掉治安乱点、捣毁恶势力团伙，让西华的治安面貌焕然一新。朱国茂同志对群众报案、来访从来不推诿，并会亲自上门，化解了一桩桩可能上升为刑事案件的纠纷。十多年来，经朱国茂调解的民事纠纷达500余起，无一起因调解不当而致矛盾激化或引发犯罪。他组织农业合作社、发动青年参与就业、亲自奔赴广东联系工厂、解决无业青年就业问题，从另一个侧面维护了社会治安的稳定。2006年，辖区发生了一起案件，无业社会青年朱某强吻了一名14岁女学生。西联分局认为，此案应该属于强奸案。朱国茂同志赶赴现场再次勘察取证，向受害人以及正在海口进行救治的朱某再三核实，最后认定应按猥亵案处理。朱国茂同志坚持实事求是，以事实、以证据说话，认为案件的办理要经得起历史的检验，这正是他对自己的职业充满敬畏之心的表现。

五、向朱国茂同志学习，就是要学习他扎根基层、淡泊名利的奉献精神。朱国茂同志从警28年，一直服务于西华辖区，西华的百姓都知道派出所所长叫朱国茂。他不应酬、不喝酒、有原则，已成为地方治安稳定的定心剂。生于斯，长于斯，朱国茂同志对这片土地抛洒了自己的热血，倾注了所有的热情。由于历史遗留问题，农场出现了许多退休职工名字和档案不符的情况，朱国茂同志为前来办理业务的职工提供详细的家庭信息、档案记录等证明，把握尺度，为农场的职工解决了退休和社保问题，赢得了老职工们的交口称赞。派出所的办公地历经几次搬迁，如今伫立在西华场部不远的崭新办公楼，是朱国茂同志一砖一瓦亲自监督盖起来的。为了节约经费，他亲自参与设计了办公楼。面对群众法律意识淡薄的问题，朱国茂同志进行了长期的普法宣传，并将当地的经济发展与社会治安结合，为群众办实事。来自山东的投资者季建潍看中的也是西华农场的治安环境，承包了两千多亩土地进行农业种植。而在这么多年的工作中，朱国茂同志不争功、不请赏，扎根基层、淡泊名利，只求造福一方，不求个人回报。

朱国茂同志是全市公安机关新时期涌现出来的又

一先进典型，他的事迹宣示了公安队伍的正能量。全市各级党组织要切实加强组织领导，深入宣传发动，迅速掀起向朱国茂同志学习的热潮。要把向朱国茂同志学习活动作为深入学习贯彻党的十八届六中全会精神和习近平总书记系列重要讲话精神的重要抓手，将学习活动与“两学一做”专题教育结合起来，与正在开展的各项中心工作结合起来，努力形成学习先进、争当先进、赶超先进的浓厚氛围。要教育引导广大党员干部进一步坚定理想信念，以更加饱满的热情、更加旺盛的斗志，以奋发有为的精神状态和求真务实的工作作风，锐意进取、奋勇拼搏，为儋州建设海南西部中心城市作出新的更大的贡献。

中共儋州市委员会

2017 年 3 月 28 日

朱国茂生前与妻子邱少英在海边留影

第二篇
报告·事迹

这么多年里，他获过很多荣誉，政治上也有很大的提升空间，但他从没有向组织要求换换工作，更没有为自已“跑官”“要官”。28年来，他的执着，他的果敢，他的无私，他“以所为家、以警为荣”的精神，他对党和人民的无比忠诚，已成为一种强大的正能量，无时无刻地影响着我们每一个人。

用忠诚铸就警魂

姚伟成

大家好，我叫姚伟成，是朱国茂的老同事、老战友。我和朱国茂一起共事的时间很长，见证了朱国茂是如何一步步成长起来的，从民警、副所长、教导员再到派出所所长，整整28年，他一直在西华工作，就像一根钉子，牢牢钉在这个偏远艰苦、生活单调的乡镇农场上。这么多年里，他获过很多荣誉，政治上也有很大的提升空间，但他从没有向组织要求换换工作，更没有为自己“跑官”“要官”。28年来，他的执着，他的果敢，他的无私，他“以所为家、以警为荣”的精神，他对党和人民的无比忠诚，已成为一种强大的正能量，无时不刻地影响着我们每一个人。

朱国茂是从广州武警部队退伍回到地方的，是一个经过部队锤炼、意志极为坚强的人。乡镇一级派出所，面对社会底层的众生万相，各种奇奇怪怪的案子很多，对于一个肩负整个西华地区治安重任的派出所所长，朱国茂不但具有准确运用各种法律法规的本事，更具备对社会的深刻洞察力和判断力，在这一点上，朱所长的能力和水平远远超出了我们。朱国茂常说，警察的本事要从书本上学，更要走出去，走到百姓中间去，要更多地向社会学，向实践学，我们要打交道的，终究是人，我们要服务的，终究是那些就在我们身边的人民群众……朱国茂所长这些话，至今仍是我们工作的指南。可以说，我们所里的每一名民警，都是在他的教诲和鼓励下，一步步成长起来的。

西华位于儋州北边，民风质朴但也比较强悍，是个斗殴事件发生较多的地方，每一起治安事件都掺杂了很多地方习俗，牵扯的人际关系也多，案件都比较难处理。有一次，我和几个同事抓了几名嫌疑人，但一些村民出于袒护同村人的本能，不让把人带走，上百号村民把我们团团围住，气氛十分紧张，一时间我竟然想放弃这次行动。但一旁的朱所长出奇镇定，他抓着我的肩膀轻轻摇一摇，轻声地说："不用怕，有我在。"他坚定的语调，顿时让我安下心来。最终，在朱所长

朱国茂同志的老同事、儋州市公安局西华派出所民警姚伟成

大气凛然的严厉告诫下，群众慢慢让开了一条路，我们带着嫌犯安全离开。可以说，朱所长在危急警情前的镇定自若和严厉果断，有时就像一把快刀，总是能让一团乱麻的案子瞬间得到解决。

2011 年，西华农场曾一度恶势力猖獗，“偷砸抢”成风，有时甚至发展为明目张胆殴打政府机关人员等恶性案件，这让朱所长非常着急，他精心部署了一次又一次抓捕首恶分子的严打行动。然而，这股恶势力态度嚣张，他们谋划暴力抗法，甚至扬言要专打朱所长。消息传到朱所长耳里，他没有丝毫畏惧。他对我们说“要一击制胜，决不要手软，要一网打尽，决不留后患。”在他严密布控下，这个团伙被我们“一锅端”，十个团伙头目全部落网，极大震慑了犯罪分子的嚣张气焰，农场治安开始好转。事后，我问朱所长：“这帮人威胁你，你真的不怕吗？”他说：“哪有不怕的？但我们是警察，警察就是跟坏人斗争，要是连警察都向恶势力低头，那么人民群众就没有活路了！”

长期以来，朱所长从没有固定的上班时间和休息时间，哪里有案情、什么时候出事故，他就立即出发。2008 年的一天深夜，我们接到报案，朱所长带我们第一时间赶到案发地时，已是凌晨两点多，本该漆黑一片的橡胶林里灯火闪烁，显然这是一次大规模的有组织偷盗。偷盗者组织了两百多人，同时偷割胶水。而我们的情况是，所里民警加上联防队员，才40多人，要对付那么大的一个偷盗团伙，实力太悬殊。朱所长打着手势，要我们不要慌，他说："不用担心，他们偷盗，心虚得很，我们人少，但气势大，狭路相逢勇者胜，先把带头人拿下！"在认准了人之后，朱所长一挥手，率先冲出去，直接扑向对方的领头者，立即把他按倒在地。领头者被抓，对方人心一乱，也没人敢反抗了。

正如这次深夜行动一样，每次出警遇到险情，朱所长总是冲在前面，勇往直前，舍生忘死。但是，对普通百姓，他又特别平易近人。派出所是一个最直接为群众服务的窗口，对待来办事的群众，朱所长都是满腔热情地接待，并且严令办事民警一定要认真负责为群众服务，决不能给群众留下"门难进、脸难看、事难办"的印象。他不仅关心普通群众，对农场犯罪释放回来的人也非常关心。为了维护辖区社会稳定，朱所长曾针对一些社会青年没工作的情况，专门到广东帮忙联系工作，先后解决40多人的就业。

西华场部有位琼崖纵队的老红军符彩叫老人，已快90岁了。2010年，这位老红军因为宅基地纠纷和周边邻居闹得不可开交。朱所长亲自上门，不急不躁地调解，耐心寻找让双方都能接受的解决办法，朱所长的耐心与体贴，使这位老革命深受感动。矛盾解决后，老人抓了两只自家养的鸡，拄着拐杖慢慢地走到派出所，想送给朱所长。但朱所长谢绝了老人的好意，他说："解决问题是警察的本份，要是今天我拿了你这两只鸡，我就说不清了。"他亲自把老人送回家，并一再叮咛，让他以后不要再给所里送东西。

在西华，有件很多人都知道的事：朱所长有一个自己认上门来的“儿子”。这“儿子”叫王某鑫，以前在西华是个远近闻名的“问题”青年，因为他从小失去父母，缺少关爱，常常小偷小摸、打架斗殴，后来有一次因为伤害罪被朱所长抓进监狱。谁也想不到的是，王某鑫刑满释放后，竟然成了朱所长最操心牵挂的一个人。朱所长给他钱，给他找工作，就像对自己的孩子一样关爱他、教育他。慢慢的，王某鑫被彻底感化了，他真心把朱所长看作是自己的父亲。在朱所长离世后的告别仪式上，王某鑫一口咬定自己就是朱所长的儿子，他带着老婆孩子一起来，他对着朱所长的遗像放声大哭，把人的心都哭碎了……

朱所长离开了我们，他走得那样令人痛心。他临终之际躺在急救室病床上，忍着胸口剧痛，用手摸着腰带上的配枪，向所里的同志艰难地说：“记住枪、枪……一定要……把枪交回所里……”这就是朱国茂对我们的临终嘱托。

朱国茂同志把自己的一生都献给了这片土地，他虽然离开了我们，但是，西华的山记得他，西华的水记得他，西华的人更记得他，他用一生的忠诚，铸就起一位人民警察的警魂，警魂犹在，英灵不朽，我们永远怀念他。

铁骨丹心为人民

王华章

大家好，我叫王华章，现任西华农场副场长。在我们西华，朱国茂的名字无人不知，20多年里，朱国茂同志就像一棵根深叶茂的参天大树，为西华人遮风挡雨，长久守护着这方土地。这么多年来，他为了西华的治安，经历了很多危险、很多艰难，但每次他都闯过来了。在我们眼里，他就是一个顶天立地的硬汉子，我们都把他看作是自己的兄弟。

1992年，朱国茂担任西华派出所副所长，那时，西华人给朱国茂取了一个外号叫“第一救火员”，意思是只要发生治安问题，朱国茂总是像救火队员一样第一时间赶到现场，处理水平也堪称“第一”，他非常善于处理治安事件和群众纠纷，没有什么“火”是他扑不灭的。

西华农场有一万多人口，地形复杂，边界处交叉着许多老村庄，地方习俗的不同，总是让周边经常发生各种摩擦，再加上垦区遗留下许多历史问题，所以西华曾是全市农村治安的一个“老大难”地方。在很长一段时间里，西华派出所都承受着巨大的维稳压力。

比如，西华老百姓有喝酒的传统，即使不是逢年过节，平时也会喝，酒喝多了就容易闹事。2009 年 6 月 7 日深夜，大成镇两个村的年轻人酒后闹事，双方各自纠集了四五十人，手持刀棍准备“开打”。朱国茂迅速赶往现场。在黑暗中，闹事分子正在不断投掷石块，气氛非常紧张。朱国茂在喊话无效的情况下，果断掏出枪，对天连鸣三枪示警才止住了冲突。鸣枪时滚烫的子弹壳弹出来，伤到了朱国茂的耳朵，我们要他上医院看看，他却一脸平静地说：“警察连命都可以不要，这算什么呢。”

2006 年，西华农场因为有一些历史遗留问题未得到解决，一度矛盾集中爆发，治安混乱。少数不法分子误导群众，组织策划暴力活动，形势特别严峻。在那段时间里，朱国茂就像一部永远停不下来的机器，没日没夜地运转。他不断地对形势作出预判，为上级提供第一手信息；他总会出现在矛盾冲突最激烈的地方，拼着命控制事态发展。有一次，在面对情绪失控群众暴风雨一样扔过来的石块时，他带着身穿防暴服的民警和联防队员站在最前面，用身体筑起一道人墙，牢牢把现场维持在可控范围之内。他不回击、不反抗、不粗暴，只是稳如泰山一样地守住自己的阵地。他那种军人一般的冷静，那种坚不可摧的无畏，常常成为遏制事态发展的关键，一次次避免了流血冲突的发生，避免了群众和民警的伤亡。

多年来，复杂繁重的治安任务，超大的工作量，让朱国茂承受着巨大的压力。2008 年 1 月的一天，来自 11 个村庄的两百多人带着铁棍木棒，围聚在农场场部，扬言要攻打办公楼。朱国茂率领全副武装的民警和联防队在路口设卡，把闹事人群挡住，双方僵持不下，距离仅隔 20 多米。闹事者将数十桶烟花礼炮平放在地，对着朱国茂的队伍一阵发射轰炸。但是朱国茂和大家一起手持盾牌，寸步不让。有人劝朱国茂不要硬顶，但朱国茂大声说："决不能让步，越是这样，越要显示我们公安队伍的骨气和硬气！"

朱国茂的强硬让闹事者恼羞成怒，有人狂喊："他是所长，炸他、炸他！"面对针对他个人的威胁，朱国茂竟然作出了一个让在场所有人都大吃一惊的举动：他把盾牌扔下，身体毫无一点遮挡地朝对方走过去，脚步一点不乱，闹事的人刹那间都惊呆了，难道他不要命了吗？

朱国茂毫无畏惧地走到闹事人群面前高喊道："你们谁说得上话，出来和我谈谈……"话音未落，突然从旁边甩过来一根铁棍，狠狠打在他右肩上。朱国茂顾不上伤痛，一个转身立即揪住了偷袭者，又一个反制，将那人双臂扭转。我们见状也不顾一切地冲上去，将那偷袭者迅速抓捕。闹事人群被朱国茂的强硬吓住了，纷纷逃离现场。——可以说，那几年里，类似的场面不知道发生过多少次，朱国茂总是用他那令违法者胆寒的凛然正气，化解了一次又一次的暴力事件。

2015 年大年初五，农场二队和乐敦队的青年因为饮酒过多，又引发一场聚众斗殴。朱国茂立即赶去，只见现场已被围得水泄不通，黑压压的人群把路都堵住了。朱国茂抢步分开人群，进入现场中心，只见两队人马剑拔弩张，斗殴一触即发。朱国茂稳稳地往中间一站，双方立即僵住了。他一边疏通交通，一边和年轻人讲道理。谁都知道，在冲突双方情绪十分激动的时候，只要人群中有一个人率先动手，现场就会立即失控，朱国茂就要立即陷入巨大危险中，谁也无力救他。事后我们说，你这样太危险了，但他笑着一摆手："怕死就不是警察！危急时刻我们不上谁上？否则，穿这身警服做什么？"

其实，朱国茂在硬朗硬气的背后，也有一颗柔软的爱心，他非常热心公益，每次农场组织无偿献血，朱国茂都发动全体民警参与。2012 年 12 月，他自己带头献血400毫升，并动员他爱人也参加献血。在此后每年的献血活动中，他都献血400毫升——要知道，400毫升已经是献血的最高限量了。还有一件事，我一定要说：在西华，人人都知道朱国茂是个滴酒不沾的人，从没人见过他喝酒，但我知道他不是不会喝酒，而是他不准自己喝酒，他说过，西华有喝酒风气，但警察是拿枪的人、开车的人，是整天头脑都要保持清醒的人，喝酒容易误事，所以他会喝酒也坚决不喝！

这就是朱国茂，一个刚直不阿、克己奉公的警察，一个可亲可敬、充满爱心的兄弟。朱国茂去世前三天，我还和他开了一次工作汇报会，然而三天后，却获知了朱国茂去世的消息，那一刹那，我真不敢相信自己的耳朵。当我匆忙赶到他家时，看到许许多多前来吊唁的西华群众都在哭，我这才刻骨铭心地痛感到，朱国茂——我这位深交多年的好兄弟，这位一辈子守护西华老百姓的好警察，永远地离开了我们……

他说，“我就是一个警察……”

邱少英

大家好，我叫邱少英，是朱国茂的妻子。今天站在这里，我真不知道怎样来介绍我的丈夫，他走得太早了啊，他才 51 岁，还有很多日子可以过，怎么突然就走了呢？离世前几天他一直重感冒，我以为他像平常一样，有点病痛从来不当一回事，照样挺着胸膛上岗、值勤、出警。想不到，这个从未发现过心脏有问题的人，

朱国茂同志的妻子邱少英

竟然会被可怕的心肌梗塞夺走了生命——2016 年 3 月 5 日，从此成了我和儿子生命中的一道永远的深深的伤痕。

我和朱国茂结婚 26 年了，26 年来，他用一个男人的肩膀，支撑起我和孩子的生活，也支撑着他那份无比珍视的警察职业。这么多年里，每当我回到家，就算他不在，但看到他换下的衣服、看到他急匆匆忘带的东西、看到我煮好的饭菜热了变凉、凉了又热，心里也感到特别踏实。这辈子，总是我等他回家的时候多，我总想，等他忙完工作就一定会回来的，可是现在，我等不到他回来了……

朱国茂离世后，很多来采访的媒体记者问我：你最了解朱国茂，他究竟是个怎样的人呢？——对这个问题，我真不知道该怎么回答。这辈子，每当我埋怨他太不顾惜自己身体时，他总是说，我就是一个警察，警察就是天生要受累的，警察受累，老百姓就有平安……

他是这么说的，也是这么做的。在朱国茂眼里，派出所的事就是比家里的事大。我们 1990 年结婚，嫁给他之前，我很多朋友都说他是一个敢负责、敢担当的男人，嫁给他之后，我觉得朋友的话真是说对了。朱国茂把警察这份职业看得太重要了，把警察这份工作做得太认真了。我想不出来，有谁能像他一样，硬是要把家安排在派出所旁边，横穿马路就是，从家里到所里，走路不要两分钟。几十年来，他把派出所当成家，他会亲自扫地、擦桌椅、种树种花，整理派出所内务，他还记得每一个同事的生日，给他们办生日聚会。但是在家里，他从不打扫卫生，也从不为我们过生日。结婚几十年，他的工作永远是那么忙、那么累，没有一天是按部就班过日子的。

记得我怀孕时，朱国茂都没能抽一点时间来陪我。预产期超出十几天，在医院住了三天三夜都见不到他的影子。那天上午 10 点，情况很紧急，需要剖腹产，要家属签字，可怎么也联系不上他。我疼得死去活来，心里特别苦，一边担心他是不是工作遇到了什么危险，一边又担心肚子里的小孩会有什么危险。说实话，当时我真恨他，你工作再忙，但这个时候怎么能不管我呢？一直到下午 5 点，派出所的同事用对讲机才联系上他。当他赶到医院，连医生都说他太不应该了。说实话，那时我确实是很抱怨他，但是后来有件事，把我的抱怨化解得干干净净：生下孩子几个月后的一天，我抱着孩子在马路边散步，想不到的是，所有从我身边经过的人，不管认识不认识，都过来跟我打招呼，叫声嫂子，逗逗孩子。我说，你们认识老朱？他们都说，你老公谁不认识啊，他是个好警察……那天我突然知道了，原来西华的人都敬重朱国茂，几十年里，在我面前说我老公好的人真是太多了。

朱国茂对工作特别严谨。他从不把工作上的事带

回家，也从不和我谈他工作上的困难烦恼，单位上的事，他从来都是一个人默默扛着。因为他这人太较真儿，爱憎分明，所以得罪了一些不法分子，甚至有人在外面散布各种狠话，还写匿名信，威胁要我儿子的性命。我担心儿子，出于安全考虑，要他把儿子转到那大镇读书，他很不以为然，经过我多次求他、闹他，他终于同意了。同事们告诉我，朱国茂这人是没什么能让他害怕的，他从不向坏人低头，该抓的坚决抓，

该保护的坚决保，就因为他一身正气，连坏人都服他。很多人以为朱国茂干警察有很多油水，可是我很清楚，朱国茂赚的每一分钱，都是干干净净的。结婚几十年，我从未见他接受过什么人的送礼，从来没见他接受过请吃请喝。他说，吃了别人的口软，拿了别人的手软，口软手软了，警察就硬不起来了。

但是，朱国茂又是一个特别有情有义的人。他大姐家条件不是很好，逢年过节朱国茂都要我去给侄子们买新衣服、送点钱。2010 年，大姐突发重病，送往那大抢救，朱国茂打电话叫我赶过去，要我将家里七千多元现金还有存折都带上，等我赶去医院，人还是没能救过来。钱全花了，还不够，我跟着朱国茂一起开车去银行取钱，车子开到半路，朱国茂突然把车停在路边，头重重地低垂在方向盘上，嚎啕大哭……这是我第一次看到他哭，哭得人肝肠寸断啊！1996 年，朱国茂的二姐离婚，情绪波动很大，有轻生念头。朱国茂急了，安排好工作后飞到广东陪了二姐三天三夜，帮助二姐走出心理阴影。朱国茂去世时，我给二姐打电话，她一听到消息，只喊了一声："我弟啊……"就在电话里哭得昏天黑地。

朱国茂去世后的一天，一位农场人到我家来，说是要还钱，还朱国茂借给他的钱。我认识这个人，他曾经因为犯罪进过监狱。这人告诉我，他出狱后是朱国茂鼓励他去创业，要他做点正经事，并主动借给他五千块钱，但是在以后的好几年里，朱国茂从来没向他提起过还钱的事。这人说，像他这样从牢里放出来的人，没有人会相信他，更不用说借钱给他了，可是朱茂国就相信他……这人说着说着，眼泪就出来了，把钱往我手里一扔，就哭着跑了……

这辈子，朱国茂很少待在家里，但只要在家，无论怎么累，他都会亲手给我泡上一杯茶，二十多年了，他都是这样给我泡一杯茶。我知道，他是要通过这个行为，来表达他对我的亏欠。他对家人的细心呵护，影响了我们整个家族，他让人人都变得有爱心，愿意帮助人，我要说，这是朱国茂给我们家留下的最宝贵的好家风。

朱国茂走了，那么多的亲人朋友、同事领导来送他，这让我非常感动，那天，我流了很多泪，做人做事就是这样，你给别人什么，就能得到什么回报……老朱啊，我真想说一声感谢你，感谢你教会了我做人做事。你说，你就是一个警察，我说，你还是我们家最重要的那个人，我和孩子会永远想着你……

《日记》——用生命岁月书写

王敬芳

大家好，我叫王敬芳，是儋州市公安局一名民警。今天，我要讲的是一本日记的故事——其实这日记不是一本，而是 28 本——从 1988 年朱国茂同志参加公安工作以来，一直到 2016 年，每年一本，字数加起来超过一百万字。读过朱国茂同志日记的人，无不感到强烈的震撼，我们不明白，是一种什么精神，让一个普通警察，把他从警 28 年来每天的警情警况，都用日记记录下来，28 年如一日，从不间断！甚至在他生命的最后一天，在他突发心肌梗塞的临危之际，他还用颤抖的手写下了日记的最后一段文字："2016 年 3 月 5 日，星期六，姚伟成、梁保强调查处理符某可、符某拜伤害案件……"

这短短几句没来得及写完的话，记录的事是那样的平常，平常得就像他 28 年来每天面对的工作，然而，正是这种平常，折射出一种不平常。朱国茂同志把一种常人无法想象的漫长书写，变成了他生命中不可或缺的一种坚守，一直坚守到生命的最后一天。一个人，要有多大的工作热情、多大的严格自律，才能做到28年始终如一啊！

翻开朱国茂所长的《警情日记》，面对他记录的一次次警务会议、一件件危险案情、一段段与群众打交道的过往、一幕幕惊心动魄的场景，朱国茂同志的形象那样鲜活地出现在我们眼前，比我们在生活中认识的朱所长更丰富、更亲近、更生动感人——因为在这些文字里，蕴藏着一个当代警察最真实、最博大的精神世界！

从他日记里可以看到，从2005年开始，西华派出

儋州市公安局民警王敬芳

所的工作进入一个特别忙碌而紧张的阶段。由于历史遗留问题当时许多社会矛盾集中爆发，少数骨干分子煽动群众，不断制造群体事件。西华派出所地处发生群体事件的核心地带，朱国茂也就成了治安维稳的直接责任人、当事人，而且是站在风口浪尖的那一个。据日记记载，2006 年至 2008 年期间，辖区群体性冲突近百起，但面对繁重任务和巨大危险，朱国茂从未退缩。是他，亲自抓捕带头闹事的不法分子，是他，亲自把不法分子一个个地送进监狱……在日记中读到这段惊心动魄的记录，我仿佛回到了历史现场，亲眼目睹朱国茂沉着冷静的指挥，感受他英勇无畏、不怕牺牲的精神。

在朱国茂同志的日记里，除了记录每一件警情之外，他还记录了组织合作社、引导待业青年从事农业项目，帮助农民脱贫致富的事情。20 世纪九十年代，贫困农民符某因家境困难，偷偷去胶林捡胶皮被抓了现行，但朱国茂并没有一罚了之，而是劝导符某去学手艺，让他用一技之长谋生。2004 年，符某的叔婶又犯了偷捡胶皮的相同错误，朱国茂感到要杜绝类似现象，还是要有更好的办法才行。于是他多次到胶林去观察，发现胶林里胶皮很多，完全可以用合理合法捡胶皮的办法，来解决一些困难群众的实际问题。他立刻和场部领导联系，组织一批家庭困难的群众到农场捡胶皮，按天结算，论工计酬，很好地解决了一些困难群众的温饱和就业，也让那些小偷小摸无从下手，使这一治安难题迎刃而解。

朱国茂同志对群众无微不至的关心赢得了群众的爱戴，也用真心温暖了警民关系。在他的日记里，还记录了这样一件很早的事：1996 年，刑满释放人员王某鑫回派出所报到，当时朱国茂是教导员，他没有对王某鑫表现出一丝一毫的歧视，反而热情地邀请王某鑫等他下班后去他家喝茶。在朱国茂家里，他和王某鑫像朋友一样地聊天，告诉他要树立自信，重建人生。最后，朱国茂还将自己积蓄多年的 5000 块钱借给他，让他去大胆创业。瞬间，王某鑫呆住了。1996 年的 5000 块钱可是一笔大数目啊，朱国茂竟然愿意把这笔钱交给一个有犯罪前科的人。朱国茂说：“你拿去种甘蔗，这笔钱够你当启动资金了，等你回本了再还给我。过去的事改变不了，但往后的生活，一定要自己争取。”就这样，王某鑫靠着这笔钱，从此走上了新的人生道路。在整理朱国茂日记时，我们曾走访了王某鑫，一谈起这事，王某鑫就掉眼泪，他说，要不是朱国茂借钱给他创业，今天的他还真不知道是什么样呢……

从日记中还可以看到，朱国茂对农业和就业问题曾进行了很深入的研究。按理说，朱国茂是一名警察，这些工作本不在他的职责范围内，可当我们读到他一些对地方治安与经济发展关系的分析后，我们深深理解了他的良苦用心。因为他从许多“警情”中，发现了就业和收入水平与违法犯罪行为之间是有一种深层次联系的，一些无业青年、贫困户，之所以铤而走险干违法事情，正是因为无工作可做啊。当那些生活困难的群众有了工作，有了稳定收入，这个地方的不安定因素就一定会减少，社会的各种心理负能量也一定会淡化。这就是朱国茂在维护稳定的同时，也主动去扶贫济困的真正原因。在一切以人民为中心的今天，读这样的日记，对我们做好基层警察工作将有着多么大的教益和启迪啊！

尤其令人敬佩的是，从朱国茂同志日记中，我们看不到他有任何为自己评功摆好的影子。朱国茂之所以要记录下从警生涯中的点点滴滴，不是为了炫耀自己，而是为了记住这个地方的警情变化，记住社会治安的走向趋势，记住那些教训和挫折、成功和经验，从而让这个保一方平安的基层派出所，能更好地为社会稳定、百姓安宁、经济发展保驾护航。

在把这堆积如山的《警情日记》整理输入电脑时，我们都觉得这是一件无比浩大的工程。看着那些朴实简单但每个字都清晰工整的日记，我们仿佛看见朱国茂在那无数个夜晚，在每一天工作忙完之后仍在伏案书写的身影。他用握枪的手拿起笔，不仅写出了一部风云变幻的地方治安史，还写出了他对警察事业呕心沥血的执着和坚贞，写出了一名共产党员无比坚韧的信仰，写出了一名基层干部生命岁月的精彩和辉煌！

好人，好警察，好所长

季建潍

大家好，我叫季建潍，是一个在儋州西华做农业项目开发的山东人。2013 年，朋友推荐我到海南来投资农业，说海南西部有大片非常适合种植业发展的土地。作为从事农业多年的人，听了这些话让我非常动心。我到海南考察，感到这里自然条件确实非常好，只是——说实话，我对当地的治安环境有点不放心。后来有一个在西华做种植业的朋友说，你到西华来吧，西华的土地和水利可能不是最好的，但是治安方面我敢打包票，一定是最好的。听了朋友的话，我又专门到西华考察，权衡再三，终于下了决心。2014 年，我在西华承包了两千多亩土地，进行农业种植开发。从那时开始，关于朱国茂所长的许多逸闻传说，就不断传到我耳里，归纳起来就一句话："西华之所以能长治久安，和朱国茂的用心维护、治理有很大关系。"

现在两年多过去了，但只要一想起和朱国茂所长打交道的每一桩往事，我心里就感慨万千。我对他的评价是“三好”，第一是好人，第二是好警察，第三是好所长。好人，是说他人品好，为人处世真诚真心，是真正值得交往的朋友；好警察，是说他恪尽职守，兢兢业业，有能力、有水平，能处理好各种治安问题；好所长，是说他担任主管治安领导，不但有责任担当，而且还能将一方经济事业发展和社会治安管理联系起来，看问题做事情，站得高看得远，有一种基层干部中很难见到的大局观。

2014 年，我刚到儋州时，每天忙于办理各种手续，

想尽快让经营管理正常化。为应付各种可能发生的麻烦，我一般每到一个新地方都会主动去拜访派出所，让他们多关心我们，有事可及时出警。但是到西华后，由于事太多，十多天里都抽不出时间去拜访朱国茂。

那天我到儋州市里办事，半夜开车回来，突然看到通往基地的路上有辆警车，边走边闪警灯，我心里一紧，心想坏了，是不是我的工地出事了？我把车开到基地后靠边停下，警车也停下来，从车里下来两个警察。我小心走上前去，想询问一下。没想到，警察竟先开口，态度非常好，他们说，朱所长专门交代，这里偏远，午夜巡逻的时候一定要到这边看看。他们认真告诉我，如果安全方面问题，可以随时联系他们，不管什么时候都可以……那一刻，我真的特别感动。我来西华，还没去见过朱国茂，反而是他先把我这里的安全挂在心上。这件事，让我这个外地投资者就像是吃了一颗定心丸。

当然，我心中还是有一些存疑的：这是不是某种形式主义，走走过场呢？但几天后发生的一件事，彻底打消了我的顾虑。因为我第一次遇到一件土地纠纷，感到十分紧张，我试着给派出所打电话，没料想，朱国茂立即约上场部领导一起赶过来，并当即在现场提出解决方案。这一下，我算真正认识了朱国茂，也真正服了这个人。

那年春天，因为承包地地界问题，有几家农户与我发生矛盾，他们阻拦施工，使我的工程没法开展。又是朱国茂亲自过来，不厌其烦地约我们双方进行调解。他不因为我是外地人、他们是本地人而偏袒一方，而是实事求是，明辨是非，使双方利益需求都尽量得到满足。他办案的公正和正直，对我们投资者的帮助太大了，让我更有信心在儋州投资项目。朱国茂曾和我谈过，只要把一个地方的经济发展起来，大家都有事做，大家的收入增加了，很多治安问题便会自动得到解决。这看法十分有见地，让我从内心深处真正地感到这个人了不起。

还有一件我绝对想不到的事。作为一个警察，朱国茂竟然对农业也很有研究，也曾和我探讨过这方面的问题。我是北方人，对南方的土性、水性、日光条件都不了解，但朱国茂不但能清楚告诉我热带农业种植方法和注意问题，还介绍农业技术人员与我认识，给我很多帮助。有一次，我们在那大城里和技术人员谈完事，朱国茂开车送我们回西华，尽管路面不太平，但很清净，一辆车都没有。车子快速行驶中，他突然猛踩刹车减速。我疑惑地问他："前面没有车，怎么突然减速？"他指着一位走在道路边的妇女说："地上有水坑，猛开过去，水肯定会溅她一身。”听了朱所长这话，我半天无语。一个如此微小的细节，给我印象太深了。我从此明白西华人对朱所长为什么有那么多的褒奖，这些都不是凭空而来的。为表达我的感激之情，我曾多次请他吃饭，他都说“没必要，不用那么客气”。每到节日我也总想给他送点礼品，但他总是一口谢绝。我跟他开玩笑说，你真是个清官，请客不到，送礼不要。

有一次，朱所长打电话给我，问我是否需要支撑香蕉树不倒的竹子？我说需要。他立即介绍一个做竹子生意的年轻人王某鑫来。我以为王某鑫肯定是他亲戚，所以交代工人，优先用王某鑫的竹子，优先和他全款结算。因为在现今社会，通过关系帮人介绍生意，实在是太普遍了。然而，想不到是，我错了。一次偶然机会，我和朱所长无意中谈到此事，他哈哈一笑，说王某鑫哪里是他的什么亲戚，而是农场一名刚刑满释放的孤儿，为了避免他出狱后无所事事，再次误入歧途，便介绍他做竹子生意，赚点钱。听到这话，我大吃一惊，这年轻人被朱所长亲自抓进去，出来后却又得到朱所长最实在的关心。后来，王某鑫很认真地告诉我，说朱所长就是他的父亲，没有血缘关系的父亲，朱所长生前，他就去祭扫过朱家的祖坟，现在朱所长去世了，他说，他以后每年清明都要去给朱所长扫墓……这是一段什么样的感情啊！

朱所长在世时，只要他有空，我都想找他坐坐，喝喝茶，我喜欢听他剖析社会现象，谈做人做事之道，谈人生理想追求。朱国茂的思想、人格以及能力，远超出一名基层派出所所长的水平，他的话，总能给人很多正能量。他去世前，还在执行春节安保工作，累得脸上发黑，却不肯休息。我看他患了重感冒，提醒他去医院检查，他却说撑过几天就没事了。他的工作量太大了，干的事太多，操的心也多，我总觉得他的病是活活累出来的。他生前时时刻刻牵挂我们大家，可是我们对朱所长的牵挂太少太少了啊。

今天，我之所以要讲这些我与朱所长之间发生的小事，是因为从小事能看到大节、从局部能看见整体，朱所长的去世，让我们这些外来投资者十分痛心与惋惜。我不知道该怎样表达我内心对他的崇敬、对他的佩服、对他的感激。从朱国茂所长身上，我看到了一种精神，一种忠诚于党和人民的精神，一种正直无私、敬业守成的精神，一种把别人看得很重很重却从不顾惜自己的精神……

我永远忘不了这个好人、好警察、好所长，祈愿朱国茂在天之灵安息。

把一切献给党

第三篇
报道·视角

朱国茂只有初中文化，要成为一名警察，只有一条路：勤学、勤记。同事接到出警任务，他“闲着没事”也跟着去；同事在提审嫌疑人，他“闲着没事”去旁听，时不时也插上几句；深夜，同事下班回家，他就在办公室灯火通明，夜读案卷……

2017年8月25日，海南省委书记、省人大常委会主任刘赐贵会见朱国茂同志事迹宣讲团成员和朱国茂妻子邱少英

（海南日报摄影记者李英挺摄）

刘赐贵看望慰问朱国茂同志家属及其先进事迹报告团成员

彭青林

今晚，海南省委书记刘赐贵在儋州看望慰问了朱国茂同志的家属以及朱国茂同志先进事迹报告团成员，高度肯定了朱国茂同志扎根垦区30年兢兢业业、默默奉献、埋头苦干的精神，希望全省党员干部向朱国茂同志学习，在自己的岗位上为海南经济社会发展作出贡献。

刘赐贵对朱国茂妻子邱少英表示慰问，对其家人30年来给予朱国茂同志工作上的默默支持和奉献表示感谢。他说，朱国茂同志在工作中对人民群众全心全意地服务；对犯罪分子敢于斗争、勇于牺牲；对当地老百姓和投资企业怀有深情、甘于奉献，是全体公安政法战线的楷模，充分体现了敢闯敢试敢为人先埋头苦干的特区精神。

刘赐贵指出，正因为有一大批像朱国茂这样的同志，在各自岗位上无私奉献、日夜拼搏，海南才从一个边陲海岛发展成为改革开放的先行区。当前，全省上下正在深入开展“两学一做”学习教育，开展大研讨大行动，深入学习贯彻习近平总书记系列重要讲话精神和治国理政新理念新思想新战略。日前，省委作出决定，追授朱国茂同志“海南省优秀共产党员”称号，号召全省向朱国茂同志学习，就是要学习他全心全意为人民服务的精神品质和兢兢业业的工作作风，把大研讨大行动开展好，把“两学一做”学习教育的成果体现在每个人的工作岗位上，在全省上下形成良好的社会风尚和拼搏实干的工作氛围。

刘赐贵嘱咐邱少英说，生活上有困难要及时向组织反映。他叮嘱朱国茂之子朱志翔，继承父亲的优良作风，从严要求自己，做好本职工作，孝敬照顾好母亲。他鼓励报告团成员深入挖掘和广泛宣传朱国茂的先进事迹，让朱国茂同志的精神深入人心。

省委常委、秘书长胡光辉，副省长何西庆参加慰问。

（《海南日报》那大 8 月 25 日电）

2018 年 6 月 9 日，中央纪委驻公安部纪检组组长、公安部党委委员、督察长邓卫平，海南省委常委、宣传部部长肖莺子，省委常委、政法委书记肖杰，副省长、省公安厅厅长范华平参加海南省公安系统模范集体和模范人民警察表彰大会，并为建省以来海南公安队伍中荣获全国公安系统一级英雄模范、全国公安系统二级英雄模范的优秀代表及家属颁发纪念牌

2016 年，全国公安机关共有 362 名民警因公牺牲。为了确保群众安居乐业，他们勇于担当，甘于奉献。

向前的英雄 赤胆的忠诚

张 洋

面对持刀抢劫，他们勇往直前，与歹徒搏斗；抢险救灾，他们冲锋陷阵，与时间赛跑；逢年过节，他们舍小家为大家；身患疾病，他们轻伤不下火线……普通百姓可以选择后退时，他们别无选择。向前的英雄，赤胆的忠诚，他们就是人民警察。

为了确保群众安居乐业，他们勇于担当，甘于奉献，哪怕是付出生命。

赵天昱 身中 21 刀也要死死摁住不法分子

2 月 10 日 17 时许，在吉林省辉南县公安局开完会返回石道河派出所途中，派出所副所长赵天昱接到群众报警，称在庆阳镇发现已被立案侦查的犯罪嫌疑人于某。赵天昱立即驾车赶往现场并对于某实施抓捕，不料于某突然从怀里抽出一把尖刀，刺向赵天昱。血染胸襟的赵天昱毫无惧色，和于某展开殊死搏斗。为了尽快逃脱，丧失理智的于某举刀连连刺向赵天昱，赵天昱胸部、腹部、手臂多处中刀，终因体力不支倒在雪地里，但他的双手依然死死摁住于某。赵天昱身中 21 刀，因伤势过重不幸牺牲。

初春的天气仍是那样寒冷，2 月 14 日一大早，辉南县的市民静立在寒风中，送这位英雄最后一程，同事们说，“他是带着上次抓捕尚未痊愈的伤走的。”从警21年，赵天昱共破获刑事案件200余起，但他的身上布满伤痕。去年12月6日晚，赵天昱在处置一起涉嫌团伙盗窃案件时，遭到4名犯罪嫌疑人暴力抗法。为保护战友，他用身体挡住犯罪嫌疑人的拳打脚踢，致头部、面部多处受伤。尽管如此，考虑到派出所工作任务繁重，在身体还没完全康复的情况下，他就回到岗位，奔赴一个又一个警情现场，直至献出生命。

许 峰 把生命定格在抓捕途中

许峰是重庆市公安局大渡口分局跃进村派出所一名刑侦民警，从警21年，做过特警、巡警、刑警，始终守护着辖区百姓的平安。

2015年年底，大渡口公安分局成立专案组，对一宗系列电信网络诈骗案立案侦查。受领任务后的3个月里，许峰主动承担大量基础工作，和战友一道先后前往渝湘等多地调查取证，一直加班加点、昼夜办案，战友们劝他注意身体，他总是说，“战机稍纵即逝，这个时候要趁热打铁，我担心一耽搁，骗子都跑掉了。”

2016年3月11日，许峰和战友赶赴湖南长沙，连夜部署案件的收网抓捕行动。12日零时，许峰回房休息。凌晨7时许，起床洗漱的同室战友呼之不应，最终诊断为突发心脏疾病，经抢救无效牺牲，倒在了抓捕途中。

噩耗传来，哀乐低回。如今，再次回想和许峰并肩战斗的日子，战友们说，“我们唯有像他那样，更细致、更努力，将犯罪嫌疑人悉数抓获，才是对他最好的告慰……”

朱国茂　奔走在生命中的最后三十天

海南省儋州市公安局西华派出所原所长朱国茂从警28年，是个有“家”但缺少“家”的概念的人，他不回家是常事，家人说“派出所比家还亲”，同事说“派出所就是他的家”，他自己说“在办公室挺好，要是有什么事就能及时处理，群众来找我办事也容易”。

2016年除夕晚上，他待在派出所值班；初一至初五，朱国茂连续5天站在当地音乐比赛的安保前线；初七，极度困倦的朱国茂接到一级警卫任务后，又抖擞着精神转战连续6天的警卫任务中，紧接着又投身白马井元宵安保工作中……

据儋州市公安局西联分局局长蔡如云回忆，3月1日开会间隙，“朱国茂不同往日与大家一起交流，躺在车内休息，可见他身体有多虚弱，透支到何种程度，可他没请一天假，没喊一声累。”

2016年3月5日上午，朱国茂又忙着在派出所与教导员谭卫新商量如何做好协警员的思想整顿工作，并再次研究部署有关安保工作时，感觉胸闷、异常疲惫，即便如此，他依然坚持工作。次日凌晨，朱国茂终因过度劳累引起突发性心肌梗塞，经多方抢救无效，不幸因公殉职，年仅 51 岁。

杨文峰　抓捕犯罪嫌疑人总是冲在最前面

2015 年 6 月 1 日傍晚，黑龙江齐齐哈尔公安局龙沙分局刑侦大队民警杨文峰和战友在抓捕两名杀人犯罪嫌疑人时，包围了一名嫌疑人驾驶的车辆。杨文峰持枪冲到主驾驶一侧实施控制时，嫌疑人突然向杨文峰开枪。杨文峰大声提示战友对方有枪，双方形成枪战。对射中，杨文峰不幸头部中弹倒地，经医治无效，壮烈牺牲。

杨文峰参加公安工作 15 年来，始终战斗在打击犯罪维护治安第一线，破获了许多重大案件。仅 2014 年一年，在刑警队，他参与侦办的案件中，共起诉犯罪嫌疑人 30 余名，参与破获各类刑事案件 40 余起。

曾经一起并肩作战的刑警大队民警杨常海说，每次领枪抓捕犯罪嫌疑人时，峰哥都会领取枪库里那支属于他的大“54 式”手枪，那是他的最爱。在队里时，他没事就拿出来擦拭，他经常对队友说“这家伙才够威力，够猛！”这正是他的性格，不畏危险，敢于碰硬。

“他工作拼命，英勇无畏，每次抓捕犯罪嫌疑人时，杨文峰总是冲在最前面。”同事李卓回忆杨文峰负伤瞬间时说：“峰哥离嫌疑人最近，当嫌疑人突然掏枪时，他本能高喊‘有枪’。”杨文峰的呼喊提醒了战友们危险的存在，然而他却倒在了血泊中。任凭战友们怎样呼喊，他再没有睁开眼睛。

公安工作渗透百姓生活的方方面面，人民警察始终伴随你我身边，治安、反恐、经侦、刑侦、出入境、交管、消防……每一个简单名词的背后都是无数的血汗苦累。

今年除夕，哈尔滨民警曲玉权遭嫌疑人袭击，救治无效牺牲；正月初二，因雪天路滑车辆失控，铁岭交警罗振波以身殉职；正月初四，合肥民警陈春芳在值班 24 小时后突发脑溢血离世……天天有牺牲，时时在流血，2016 年，全国公安机关共有 362 名民警因公牺牲，因公负伤 4913 名，患职业重病去世 1500 余人，2017 年以来全国又有 45 名民警把生命奉献给了公安事业。

他们是和平年代流血最多的职业群体，他们是和平年代最可爱的人。

[《人民日报》2017 年 4 月 5 日 17 版（法治头条）]

清明时节，凝望你们逝去的背影，一个个平凡而崇高的名字、一段段可歌可泣的感人事迹，又一次浮现在眼前。

危难之际，你们舍生忘死，用血肉之躯竖起安全屏障，护佑千家万户。

——你们的名字叫人民公安，用忠诚与奉献在人民心中竖起一座永恒的丰碑。

党的十八大以来，全国公安民警因公牺牲2105人，因公负伤22977人。2016年，共有362名公安民警因公牺牲，几乎一天就有一位民警离我们而去。

人民公安，向你们致敬，你们是和平年代里最可爱的人！

致敬，和平年代里最可爱的人！

丁小溪　姜　潇　白　阳　段　续

紧要关头
用流血牺牲书写忠诚

2015年6月11日，黑龙江省齐齐哈尔市细雨霏霏。从市殡仪馆到齐齐哈尔革命公墓的近10公里路途中，数千名群众手持白花、横幅自发来到路旁，送别英勇牺牲的龙沙分局刑侦大队民警杨文峰。

时间倒回至2015年6月1日傍晚。在对一起杀人案的犯罪嫌疑人实施抓捕过程中，一名嫌疑人突然掏枪射击，杨文峰见状当即向战友们高喊："注意，有枪！"得到警示的战友们立即拔枪与歹徒展开激烈枪战。歹徒最终被当场击毙，但闪避不及的杨文峰却被击中头部，满脸鲜血地倒下了，人生就此定格在 47 岁。

战友们还记得，从警 15 年来，每次执行抓捕任务，杨文峰总是冲在最前面、站在最危险的位置。

“当了警察就不能怕危险，你不冲在前面，让谁冲在前面？当警察、当刑警，随时都可能流血牺牲，你不先上，别人就得上。”杨文峰将“做最好的警察”作为自己的座右铭，用生命践行了这一诺言。

2016 年 11 月 30 日，甘肃省兰州市七里河区一个公路拐弯处，一条长达 4 米的血迹上，凌乱的车轮花纹依稀可辨。路旁，水泥灌注的转弯标识被连根拔起，周围散落着一地玻璃碎渣和车身零部件。不远处一座废弃院落里，6 毫米粗的锁门铁链被齐齐撞断，仿佛被切割过一样。

惨烈现场如同一篇沉默的碑文，记录下兰州市公安局便衣侦查支队民警李钢生命的最后一刻。那天凌晨，李钢在和同事设卡堵截一个盗车犯罪团伙时，被犯罪嫌疑人驾车撞击后身负重伤，经抢救无效英勇牺牲，时年 48 岁。

据现场目击者回忆，犯罪嫌疑人发现民警后，不但不听从指令靠边停车，反而加速冲卡试图逃窜，呼啸的汽车撞向了拦截车辆的李钢……

每一位牺牲民警的背后，都有一段动人心魄、荡气回肠的故事。正是人民警察以自己的血肉之躯抵挡住危险，才有了你我安居乐业的幸福生活。

连日来，全国各地公安干警和人民群众纷纷以多种形式祭奠缅怀为党和人民的事业献出宝贵生命的公安英烈。中国警察网推出清明致敬公安英烈在线祭奠活动，短短一天内，页面浏览致敬人数破百万，留言逾 6400 条。

网友“一个普通的中国人”说：“我们永远记得有这样一群人，为了人民奉献一生，我们的人民警察！”

日夜坚守
为百姓照亮回家路

2016 年 3 月 5 日，星期六，姚伟成、梁保强调查处理符某可、符某拜伤害案件——这是海南省儋州市公安局西联分局西华派出所所长朱国茂记下的最后一篇“警情日记”。3 月 6 日，他在带病坚守春节安保岗位时突发心肌梗塞，抢救无效去世，享年 51 岁。

从警 28 年，朱国茂记录了 28 本“警情日记”。翻开这百万余字的日记本，从警务会议、案件情况到治安隐患，记录着他警察生涯中大大小小的事情，也记录下一位基层民警对自身事业的热爱和忠诚。

“我就是一个警察，警察就是天生要受累的，警察受累，老百姓就有平安……”这是一位基层民警的内心独白。

多少个日日夜夜，为守护国家的安全、社会的安宁，他们枕戈待旦、默默奉献，一些民警因过度劳累倒在了工作岗位上。

2017 年 1 月 15 日，新疆喀什地区塔西南公安局交警支队长连龙因高强度工作诱发心脏病。在离开这个世界之前，病床上的连龙面对镜头敬了一个军礼。他用这种方式，向自己的警察生涯和亲爱的战友们告别。

第二天，由网民自发组织的一个名为“回连龙一个敬礼”的微话题在网上迅速引起关注。几天之内，来自天南海北的公安民警和普通群众纷纷发出“回连龙一个敬礼”的微博图片，致敬英雄。

英烈们的生命太短，短到我们还未仔细端详那一张张鲜活的面孔；英烈们的生命又很长，因为他们的精神与日月同辉、永远传扬。

夜幕下的背街小巷里，深夜归家的人看到他会感到心安——一个身材魁梧的警官，目光专注，高度警觉，认真排查辖区的大街小巷，不放过任何安全隐患。老百姓说：“他是回家途中那盏‘平安灯’”。

今年正好 40 岁的许峰，是重庆市大渡口区公安分局跃进村派出所民警。2017 年 3 月 12 日，他在一次跨省抓捕行动中因操劳过度突发疾病，再也没有醒来，带着未酬的壮志离开了自己热爱的岗位。

“亲爱的，我到了，一切平安，等我回来。”这是许峰出差时给妻子发的一条报平安的短信。谁会想到，第二天，恩爱夫妻从此阴阳两隔。

每个家庭都有关于幸福的梦想。然而，为了一份对“平安”的追求，我们的公安民警忘我付出、无悔无怨。

“媳妇，你把药给我拿来吧，单位的事还没处理完，我就不进屋了。”曾有这样一位基层民警，在自家门口刚刚对妻子说完话，就倒在了地上。由于长期超负荷工作，突发疾病而死，一颗坚强的心脏就此停止跳动。

为了铸就你我的平安，他们负重前行。当前，社会矛盾不断凸显、公安机关任务日益繁重，人民警察需要我们给予理解、关爱与体谅。

正气长存
忠诚警魂代代传

他们不仅是人民警察，他们也是父母眼里“见不着影儿”的孩子，是妻子口中“聚少离多”的丈夫，是儿女记忆里“总在加班”的爸爸。在牺牲后，他们的亲人选择了继续坚强，把悲伤埋在心底，把精神传承下去。

“儿守边关缉毒贩，为国尽忠今长眠。父母千里把儿见，千呼万唤不会还。高堂一夜白发染，撕心裂肺泪涌泉。精忠报国男儿汉，忠孝自古两难全。四有军人好儿郎，英烈忠魂世代传。”

甘肃老人杨建国在得知儿子杨军刚执行公务牺牲后，噙泪写下这首《悼儿诗》。2016 年 3 月 7 日，云南公安边防总队普洱支队江城大队侦查队队长杨军刚在缉捕持枪毒贩时壮烈牺牲，年仅 39 岁。

“爸爸你孤单吗？你想我了吗？”看着父亲仍挂在衣柜里的警服、床头上的警帽、桌子上的血压药和随身携带的老花镜，维吾尔族女孩喀伊热·买买提江泪如雨下。2015 年 10 月 13 日，新疆阿克苏地区公安局副局长买买提江·托乎尼牙孜为保护牧民生命安全，被暴恐分子残忍杀害。

第一次穿上警服的时候，喀伊热哭了。“我终于可以走上爸爸没有走完的路。今后的路上，我要带着爸爸的名字继续前进。”

今年春节前夕，四川省泸县公安局交警大队驻石桥派出所 31 岁的民警蔡松松，奋不顾身跳进刺骨的水中勇救落水儿童，因体力不支英勇牺牲。两名儿童获救了，他却扔下了一对 3 岁的双胞胎女儿。

温暖一湖水，感动一座城。1 月 24 日，蔡松松遗体被送入泸县殡仪馆，战友与百姓伫立路边，在寒风中挥泪送英雄最后一程。获救儿童小唐说：“我晓得是警察叔叔救了我们，我要去向叔叔献花。我长大了也要当警察，也要去救人……”

是什么样的精神，让吉林省辉南县公安局石道河派出所副所长赵天昱在执行抓捕任务时身中 21 刀依然死死抓住歹徒不松手？

是什么样的精神，让广西公安边防总队北海支队电建边防派出所所长骆春伟在抢救失火渔船过程中英勇地跳进火海，以生命的代价保护了总价值 33 亿多元的渔船和 5000 多名渔民的生命安全？

“我们决定不了生命的长度，但是我们可以控制生命的宽度。”这是黑龙江省双鸭山市公安局岭东公安分局政治处主任艾宏宇因公殉职前在其微信中所说的话。

是无畏，让英雄远去的背影如此高大；是责任，让英雄头顶的警徽如此神圣；是忠诚，让英雄生命的丰碑如此巍峨。

“我宣誓：我志愿成为一名中华人民共和国人民警察。我保证忠于中国共产党，忠于祖国，忠于人民，忠于法律……”

入警誓词，铮铮在耳，不忘初心，忠魂永驻。

朱国茂、许峰、杨文峰、赵天昱、买买提江·托乎尼牙孜、蔡松松、骆春伟……他们是全国200多万公安民警的杰出代表，是党和人民的忠诚卫士，是和平年代里的真正英雄。

逝者已去，生者前行。长眠于青松翠柏间的英烈，其精神正催吐出新绿和芬芳。

清明时节，缅怀英烈，请理解公安民警的艰辛不易，支持他们的严格执法，更加自觉地遵法守法，以告慰英雄，为推进平安中国、法治中国建设而共同努力。

（2017年4月5日 08:09:43 来源：新华每日电讯4版）

百万字的“警情日记”彰显为民情怀

宋洪涛　陈炜森　田和新

【牺牲】

朱国茂在连续高负荷工作一个月后，突发心肌梗塞，经抢救无效殉职

2016 年 3 月 6 日凌晨 3 时许，海南省儋州市公安局西华派出所所长朱国茂强忍着心口的剧痛，从派出所走回了家，轻轻地摇醒了妻子邱少英，问：“你能不能陪我去医院看看？”邱少英翻身下床，才发现“重感冒”多日仍然不肯离开工作岗位的丈夫，此时已经手脚发软。

邱少英没有想到，这竟是丈夫与她最后的对话。接下来的两个小时里，除了因为心肌梗塞发出的呻吟，朱国茂没有对她再说一句话，也没有等来儿子和其他亲朋。

3 月 6 日，朱国茂在连续高负荷工作一个月后，突发心肌梗塞，经抢救无效殉职。从警 28 年间，朱国茂以铮铮铁骨、凛然正气，交上了一份份让人民群众

满意的答卷。他写下的百万字“警情日记”，记录了辖区由大乱到大治的全过程，彰显了他以所为家、以警为荣的为民情怀。

【追思】

“秉一身正气而来，留两袖清风而去，英雄虽逝，但给我们留下了一座永远的丰碑。”

海南省公安厅政治部民警陆万能说：“朱国茂是我们全省公安民警的骄傲，从他身上，我对‘奉献’二字又有了新的认识。从他身上，我看到了自身的差距，明确了努力的方向。”

儋州市公安局民警廖伟生在笔记本里写下这样一段话：“认识的深度，决定生命的高度！28年的基层从警路，朱国茂同志始终恪尽职守、廉洁奉公，为保一方平安贡献自己的一份光和热。”

（《人民公安报》2017年4月3日4版）

28年他写了28本警情日记

——追忆儋州市公安局西华派出所原所长朱国茂

张　英　　庄晓珊

“另外一个世界的你知道吗？”3月29日晚，全国公安系统“情满万家·2017全国公安派出所好民警”颁奖仪式结束后，朱国茂的妻子邱少英刚刚发完微博，抚摸着手中沉甸甸的奖杯，本来就止不住的泪水再一次夺眶而出。

2016年3月6日凌晨5点20分，在儋州西华农场医院急救室的病床上，朱国茂忍着胸口的剧痛，艰难地用右手摸了摸腰带上的配枪，“枪……一定要……把枪交到所里。”他对着派出所的司机秦日强吃力地吐出几个字。

“你别把枪给我了，等你好了再自己拿回去。”秦日强鼻子一酸，不愿接过朱国茂的配枪，“不！你帮我把枪拿回去。”朱国茂使出全力，把枪按在秦日强手里，他还来不及跟妻子邱少英留下什么嘱咐，就紧紧闭上了双眼……

朱国茂1965年9月21日出生，从警28年来，历任儋州市公安局西联分局西华派出所民警、副所长、教导员、所长。2016年3月6日，在连续高负荷工作一个月后，突发心肌梗塞经抢救无效殉职，享年51岁。

28年写了28本日记

3月28日，在采访朱国茂事迹的路上，临近西华农场还有几公里的路程，黑压压的乌云里沥出了雨，飘打在车窗，视野开始模糊起来。位于海南儋州的西联、西华等农场，创建于20世纪50年代，在农垦拓荒者们饱经风雨、钢筋铁骨般双手的编织下，荒地变成胶林的绿洲图画。

1988年，位于西华垦区的西华派出所来了一个小伙，他身材矮小瘦弱，但民警郑钦生从他坚毅、明亮的眼神中一下子就看出：他是本地人，而且当过兵。从当时还属于广东管辖的武警部队退伍后，朱国茂来到西华农场担任警卫班班长，随后又被儋州市公安局西联分局借用，成为协警。尽管当时还是一个协警，但他的警察人生却开始了。

“为什么非得画一个向上的箭头？”在一个案件的勘查现场，朱国茂向郑钦生问道。

“北针为点，这是绘制现场图的第一步。”郑钦生用笔在画板上比划着说。朱国茂认真地在笔记本上写下：现场绘图，北针为点。

朱国茂只有初中文化，要成为一名警察，只有一条路：勤学、勤记。同事接到出警任务，他“闲着没事”也跟着去；同事在提审嫌疑人，他“闲着没事”去旁听，时不时也插上几句；深夜，同事在下班回家，他就在办公室灯火通明，夜读案卷……

3 月 28 日，在儋州市公安局西华派出所里，教导员谭卫新带着记者走进 2 楼的所长办公室，这曾经是朱国茂办公的地方，“他以前就在办公室安了一个小床，经常睡在所里，以所为家，在派出所的时间远远比在家多”。

在整理朱国茂遗物的时候，谭卫新在朱国茂座位旁的小柜子里面发现了 28 本记录警务工作的日记本，按照年份仔细叠放着，一本不落。

“姚伟成在值班登记的问题上，涉及责任问题。陈亚明在笔录材料的问题上，句子不顺。”这是朱国茂记于 2004 年 8 月 6 日的日记。担任所长以来，朱国茂坚持每周花半天时间在所里开展业务学习，如模拟做笔录、现场绘图等，派出所的业务学习活动蔚然成风。

多年来，西华派出所只有六七名民警，但经过朱国茂的精心指导和培养，每个人都能独当一面，并陆续走上本所领导岗位或调往其他所担任教导员、副所长等职务。尽管许多人年龄比朱国茂大，但他们把朱国茂当做老师。“如果不是朱所长的鼓励，我的刑侦工作难以做到今天。”58 岁的姚伟成说。

他勇对“退场风波”

2006 年至 2008 年期间，西华农场因“退场风波”引发的群体性冲突近百起，1 万多人的辖区先后有 17 人被判刑，治安拘留近百人。但无论面对什么样的危险冲突，朱国茂从未退缩。

2008 年 1 月的一天，来自 11 个村庄的 200 多人聚集在西华农场场部，扬言要攻打场部办公楼。与往常一样，这一次朱国茂也是提前得到消息，并带领全副武装的派出所民警及农场联防队队员 20 多人提前在路

口设卡。闹事队伍到达后，仅隔着20米左右的距离，将事先准备好的数十桶烟花礼炮放倒，对着朱国茂他们就是一顿“轰炸”。

民警和联防队员们手持盾牌顶着“炮火”寸步不让。然而，由于双方力量悬殊，一名民警受了重伤。面对人数数倍于己的不利局面，有人向朱国茂建议称不要硬顶，“要不然先撤”。“我们决不能对这种违法犯罪行为作出让步，越是这样，越要体现我们公安队伍的骨气和硬气！”朱国茂大声回应。

闹事者中有人认出了朱国茂，高喊：“他就是所长，炸他，炸他！”然而，就在此时，只见朱国茂把手中盾牌交给了其他人，只身径直向对面走去。看到这情景，闹事人群也都怔住了：他真不要命了？

仿佛是被朱国茂的举动吓到了，“炮火”终于消停下来。朱国茂走到闹事人群中，高声问道：“你们谁说得上话？出来跟我谈谈，这么闹不是个……”话音未落，朱国茂右肩一阵剧痛，一根铁棒不知从哪儿抡了过来。说时迟那时快，朱国茂凭借自己的机警迅速揪出那人，将其反制并压在地上：“你敢袭警！我让你到哪儿也跑不了！”

其他民警和联防队员见状，不顾一切也冲上前去，将那人紧紧扣住。眼看这边如此强硬，闹事人群逐步散去，最终避免了一场更大的暴力事件的发生。儋州市公安局八一分局副局长王将当时还是个警界新兵，亲历现场的他深深被朱国茂的壮举所震撼：“这就是我心目中一个警察的样子！”

他像父亲一样关怀

2014 年 9 月 18 日，王某鑫刚被释放出来第 2 天，骑车路过朱国茂家门口，便被拦下来。“以后有什么事情就来找我，你应该开始新的生活，不能再和以前那样。”那个时候的王某鑫，并不把朱国茂的话当一回事。

原来，2012 年，王某鑫因为斗殴将人砍伤，最让王某鑫不能接受的是，这个朱国茂，在他结婚的前一天将他抓走，最后王某些鑫因犯故意伤害罪，被判有期徒刑 3 年，到 2014 年才出狱。“我当然恨他，他抓我的时候，我就特别恨他，他抓我之前，我就经常和他吵架。以前我不懂得尊重人”。

之后的一天，王某鑫骑摩托车路过西华派出所，朱国茂再一次将他拦下，“你怎么不来找我喝茶？”朱国茂这样问道。“他让我没事找他喝喝茶，跟他聊聊天。我就抱着试试看的心态去了”。

一有空闲时间，王某鑫就去派出所找朱国茂聊天，直到王某鑫成家。那时，朱国茂说过最多的话，就是让他赶紧找一份工作，不要再走上歪路。

后来，朱国茂联系上做香蕉生意的山东老板季建潍，介绍王某鑫做竹竿生意。“开始我不愿意做，他说有些东西你不要嫌他少，哪怕是一分一厘也是你辛苦赚来的。”王某鑫说，后来，他对朱国茂说这个事可以做。

很快，季建潍的香蕉园，迎来一位送竹竿的年轻人，这个年轻人又黑又瘦。不久，王某鑫在季建潍这里挣到了人生中第一笔光明正大的辛苦钱。

“他就像我的父亲吧，我很小父亲就走了，当我懂事后就没有这种温暖的感觉，自我从监狱里出来以后，他给我很多信心。”王某鑫说，他的记忆中，从来没有过父亲的身影，作为一个孤儿，他并不知道有一个人可以依靠是什么样的感觉，直到他碰到这个像父亲一样的男人，“如果不是他我可能又回监狱了”。

在最穷困潦倒的时候遇见朱国茂，不只是王某鑫一个人。

1992 年，刚上初三的西华农场的符某学家境十分贫困，一家人一周只有 5 块钱生活费，经常饿着肚子上学。有次放学后，符某学看到农场招待所门开着，就溜进去吃招待所桌子上剩下的饭菜。

朱国茂发现后，符某学对其袒露了真言，令符某学吃惊的是朱国茂非但没有追究责任反而让招待所的人给符某学打包一些饭菜拿回去。“在我成家后最困难的时期，他塞给我500块钱，让我拿给孩子报名上学，当时我当着他的面就掉下了眼泪。”符某学告诉记者。

办公室凌晨亮着灯

“修身，齐家，治国，平天下。”朱国茂是一个普通人，谈不上“治国平天下”，但他却把“修身齐家”做到极致。只不过这个“家”，并非妻儿，而是派出所。

在西华派出所的小院里，指甲花、鸡冠花等花草和绿化树正茁壮成长，地面几条小路铺上了砖，颜色红黄不一，图案形态各异。“花草是朱所长生前种植和修剪的，小路也是他去工地捡别人不要的边角料来铺的。”姚伟成说，“这是一个挺讲究情调的工作狂。”

“从警28年，他从来没有为自己的私事请过一次假。”蔡如云一直是朱国茂的领导，他说，分局每次组织的明察暗访，不管是晚上几点，朱国茂都在派出所，即便在殉职的当晚也是在所里处理案卷到半夜。

“知道他不在时，我都蒙了，现在还会常常想起他来，还会梦见他给我安排工作。”说起曾经一起共事8年的好伙伴，西华派出所副所长梁保强不禁动容，在梁保强眼里，朱国茂是个不折不扣的“工作狂”。

平日里，只要不出警和开会，无论有事没事朱国茂都会待在办公室，就算回家也只是匆匆吃个饭。“派出所才是他的家。”梁保强说，他平时出警不管多晚回来，所长仍在办公室，有一次凌晨 2 点办案回来，发现所长办公室还亮着灯，问他怎么不回去休息，所长说“你们不回来，我哪睡得着”。

“很感动，有这样一位好所长让人感觉很安心，可是现在，所长办公室的灯灭了，我心里总是感觉空落落的。”趁着记者不注意，54 岁的梁保强悄悄用手抹了一下眼角，放在桌底下用力地搓了搓。

“在他过世的前一段时间，我在家门口遇到他就闲聊起来，他告诉我身体不舒服，特别是心脏，我提议他去医院检查一下，可过了一会儿我又看见他出警，但他看上去显得特别疲惫。我再次建议他休息下，他只是答应了便出发了。”西华农场职工吴戴昆告诉记者。

每天起早贪黑的劳碌，终于让这个年仅 51 岁的警察在与生命的赛跑中输了“比赛”。

胸闷、冒冷汗、手脚发软，重感冒持续数日之后，2016 年 3 月 6 日凌晨 3 时，突发心肌梗塞剧烈的疼痛感终于疯狂袭来。朱国茂给派出所司机秦日强打电话送自己去医院，并坚持从派出所办公楼二楼走下来……

然而，仅仅两个小时后，经西华农场医院抢救无效，朱国茂壮烈殉职。

“姚伟成、梁保强调查处理符某可、符某拜伤害案件。”2016 年 3 月 5 日，在生命的最后时刻，朱国茂安排给梁保强调解的案件顺利结案，而他的日记，也永远停留在了这一瞬间。

他是个不回家的人

“这辈子，总是我等你回家的时候多，可是现在，我等不到你回来了……”3 月 30 日中午 12 时，当从北京首都国际机场飞往海口美兰国际机场的航班快要降落时，邱少英的心情不能平静，“这是他生活的地方，是我们的家。”

时光回到 27 年前，如果不是因为再三向人确认，同在农场做会计工作的邱少英是不敢与他谈恋爱的。“他年纪轻轻，总是一副严肃正经、老道成熟的样子，像是个已经结婚的男人。”别人更是笑话她说，“从未见你男人提过菜篮子。”但也正是这份对公安事业的认真和执着，朱国茂深深吸引着邱少英。1990 年，二人喜结连理。也正是这一年，他成为一名警察。

保胶护林，为垦区经济保驾护航是垦区派出所的重要职责。即使不算后来划出去的红灯地区，西华派出所辖区也有超过15000多名群众和数万亩橡胶林。橡胶树遍布野外，在一些偏远地区经常发生偷割橡胶案件，朱国茂经常和同事们到边远地带连夜潜伏守候。

“他总是一吃完饭，就回到所里去了。”从恋爱那天起，朱国茂留给妻子的，是一个永远都在忙碌的身影。结婚20余年，朱国茂未曾陪她买过一次菜；儿子出生那年，妻子被推入产房，直到需要家属签字进行剖腹产，朱国茂才放下工作赶到医院；儿子出生24年来，全家人没有拍下一张合影……“他是海南人，却没有去过三亚，他一直念叨着带我和孩子去玩一趟，虽然他总是不回家，但其实他是一个很恋家的人，他告诉过我，退休后很想回农村，和家人一起快乐生活。”

回忆起跟丈夫在一起的时光，邱少英几度哽咽：“这么多年就一起去过一次北京，是跟着所里一起去的，没想到时隔7年再一次去北京，这一次却没有了他，只剩下我一个人。”

（《法制时报》2017年3月31日头版）

忠肝铁胆铸警魂

——追记全国公安系统“情满万家·2017全国公安派出所好民警”朱国茂

陈蔚林　宋洪涛　陈炜森

握着奖杯，儋州市公安局西华派出所原所长朱国茂的遗孀邱少英想起了丈夫与她相守的最后两个小时，他掌心的温度也是这样冰凉。

颁奖典礼的华灯直直打在她的脸上，台下的面孔都模糊不清。她的思绪飘出很远，仿佛紧紧握着的，仍是丈夫那双骨节分明的手。

“我能把奖杯带回家吗？”抚摸着“情满万家·派出所好民警”这行小字，她有些犹豫地问，很快又否定了自己，“还是放在派出所吧，他若还活着，也一定会这么做”。

相守近30载，邱少英见证了朱国茂从一名基层民警成长为副所长、教导员、所长，她比任何人都懂得他的执着：“直到去世前几个小时，他还在写那本《警情日记》。这28年，他写了28本、近百万字，为的就是人离开了，也能给派出所留下点东西。”

如他所愿，这28本《警情日记》，与他的荣誉证书一起，永远地留在了西华派出所。他在所里亲手栽下的鸡冠花，也迎着春风冉冉地开了新的一茬儿……

“一个警察应有的样子”

时隔20多年，西华派出所退休民警郑钦生还记得第一次见到朱国茂的场景。

一个儋州小伙，矮小又瘦弱，要不是一双眼睛还透着机灵，郑钦生真不愿带这个“学生”——只有初中文化，又没上过警校，一切都要从零教起。

别人接到任务，他“闲着没事”要跟着去；别人提审犯人，他“闲着没事”也要跟着听；别人在案件勘查现场画了个箭头，他就握着纸笔边看边记：“北针为点，这是绘制现场图的第一步……”

郑钦生也不知道，从什么时候开始，这个“毛头小子”就长成了真正的警察。

2008年8月，200多人深夜潜入西华农场偷胶，远远看去就像一群萤火虫在胶林里活动。年轻的民警有些胆怯，朱国茂却勇敢地冲了上去，一把将带头人按倒在地。一时间，偷盗者溃不成军。

也是那两年，有一次，一群人聚集在西华农场场部，把一桶桶烟花、礼炮侧倒放在地上，对着民警和联防队员“开火”。

尽管手持盾牌寸步不让，还是有民警受了重伤。有人建议先撤退再作打算，被朱国茂严词拒绝：“我们决不能对这种违法犯罪行为作出让步！他们越是这样，我们越要体现公安队伍的骨气和硬气！”

他抛开盾牌，径直向“炮台”走去。“这警察不要命了？”闹事人群愣了神，忘了继续“开火”，由着他走到人群当中大声质问：“你们谁能说得上话？出来跟我谈谈……”

话音未落，一根铁棍重重敲了过来。说时迟，那时快，朱国茂忍着剧痛将袭击者压倒在地：“你敢袭警！我让你想跑也跑不了！”见状，其他民警和联防队员也冲了上来，将那几人紧紧按住，闹事人群作鸟兽散。

儋州市公安局八一分局副局长王将当时还是个警界新兵，多年后忆起此事仍十分感慨：“这就是我心目中，一个警察应有的样子！”

“他就是个‘假刁所长’”

要说什么是“一个警察应有的样子”，西华十六队派驻组副主任符有卿也曾在朱国茂身上读到过答案。

他与朱国茂相识十余年，两人是“可以称兄道弟的关系”。一次，他的姐夫因帮助偷胶人运输盗来的胶水，被派出所民警抓获并扣押了两轮摩托车，依规要缴 200 元罚款才可放人放车。

接到姐夫的电话，符有卿信心十足地去找朱国茂说情。他想，“十几年的交情，免 200 元不就是打声招呼的事？”没想到，眼前这个“兄弟”像是变了个人，虽是同往常一般客客气气地请坐倒茶，嘴里说的话却都“不按套路走”：“谁家没有亲戚？如果人人都像你一样来同我说情，那以后的工作还怎么开展？这 200 元罚款，不能免！”

场部村民何金花也曾因为丈夫参与盗伐防风林被捉拿，三番五次到派出所甚至到朱国茂的家里闹。闹到最后，她干脆赖上了朱家：人家围桌吃饭，她既不吃也不走，就在桌前直勾勾地盯着。即便如此，她还是没能讨到一点儿便宜。

“好多人都说，他就是个‘假刁所长’。”“假刁”是当地方言，清高、傲慢的意思。曾经的一千多个日夜，农场青年王某鑫在心里把这个“假刁所长”骂了无数遍。

原来，王某鑫在 2012 年曾将人砍伤。新婚在即的他请求朱国茂网开一面，可他仍在婚礼前一天被民警抓捕入狱，与心上人一别就是 3 年。

“出狱后，我就想去打他。”可看到朱国茂时，他却下不了手，“他站在那里，平静地招手让我过去喝茶，问我对今后的生活有什么打算。好几次，我们对着两杯茶，一聊就聊到后半夜。后来，两人感情越来越深，我还将他认作干爹，管他叫‘爸’”。

当时，听王某鑫说从外地批发竹竿来农场卖可以挣点差价之后，朱国茂当即给从山东来琼投资的季建潍打去电话：“季总，我的孩子犯了事情，刚从监狱里出来，你能不能给搭把手，帮他走上正道……”

在西华农场投资多年，季建潍在朱国茂那里没少“欠人情”：每有工人纠纷、外人滋事，派出所总是第一时间出警，妥善解决问题。他一口答应了朱国茂，可见到来送竹竿的王某鑫时心里却犯了嘀咕：“这父子俩怎么长得一点也不像？”

他只知道，王某鑫那声“爸”，叫得是那样真切。

“铁骨铮铮，却满腔柔情”

前几年，西华农场待业青年不少，因为文化程度不高、法律意识淡薄，他们平常除了喝酒、打牌就是拌嘴、打架。只要没有出警任务，朱国茂就会来到农场，挨家挨户地找青年谈心，甚至自掏腰包买来种苗，挽着袖口、裤腿带头下地干活。

有人问他：“你一个派出所所长，怎么干起了致富带头人的活？”他只是笑笑答上一句：“要想稳，必先富。你不信，过几年再看。”

“朱所长的预判没有不准的。”派出所的年轻民警翻看朱国茂留下的《警情日记》，果然发现农场里因青年寻衅滋事引发的案件越来越少。

翻着翻着，他们的动作变得缓慢——本子里工整的字迹，记录着他们的成长足迹：“姚伟成在值班登记的问题上，涉及责任问题。”“陈亚明在笔录材料的问题上，句子不顺”……书页翻动时扇起的风，扑红了他们的眼。

这个外人口中的“假刁所长”，对他们而言是父亲、兄长一样的存在。

民警姚伟成说，朱国茂记得所里每一个民警的生日。每到那天，他总不忘买一个蛋糕、一箱饮料，招呼大家给“寿星”庆生。

原内勤人员许琼珠说，每年年终，朱国茂都会安排一次民警家属座谈会，把民警的父母、子女都请到一起，感谢他们对派出所工作的支持。

司机李慧敏说，派出所里这几条红黄相间的小路，就是朱国茂闲时到工地捡来边角料铺设的，那一簇簇开得正好的指甲花、鸡冠花，也是他亲手种植、浇灌的。他说，一个派出所的环境，可以反映一支队伍的精神面貌。

民警谭卫新说，他和另一位民警刘德仁是外地人，每当节假日轮到他们值班，朱国茂总会及时出现在所里，让他们回家与家人团聚，把值班的任务留给他。

朱国茂真是“铁人”吗？退休民警罗建荣知道，他也会累。有一次，他出警回来，就站在楼下跟她对接材料，怎么劝也不肯上楼：“巡逻太久，腿疼得厉害，上不了楼梯，我就站在这里跟你说吧……”

“谁能想到，一个铁骨铮铮的男儿，心竟然会那么细！”季建滩印象深刻，那一年坐朱国茂的车子下乡，前方既无来人也无急弯，车子却悠悠地慢了下来。朱国茂努了努下巴：“你看前面多大一滩水，我们这样急急冲过去，必定会溅到路旁的女人一身脏。”

音容笑貌，宛在眼前。

“手软嘴软，腰板就硬不起来”

邱少英有些哑然，与朱国茂生活了近半辈子，丈夫的心思细腻却要从旁人口中听说。在她心里，那个不到凌晨两三点钟不下班，从没帮她拎过一次菜篮子的男人，更像是和一身警服成了家。

就说儿子出生那年，邱少英因为难产疼得几近昏厥，却怎么也联系不上在外执行任务的丈夫，最后还是通过警用对讲机把他喊了回来，才赶得及在手术单上签了字。

朱家住着的老房子，是由20世纪80年代建的老邮局改成的，距离西华派出所不过一百多米，步行只需要两分多钟，可他们家的饭菜总是凉了又热，热了又凉。邱少英不会先动筷子：“我知道他不会在外面吃饭，一定会回家来吃。”

“以前我爱和他玩笑：你这个清官看来是当定了，请吃你不来、送礼你不收。”季建滩发现，在朱国茂这里，生意场上的那一套完全行不通。派出所的民警也知道，跟所长下乡得自备干粮，无论群众备了多么丰盛的酒菜，他们也一口都不能吃。还好邱少英在家里养了几只鸡，鸡下的蛋拾掇好了放到派出所去，“他们饿了，就捡两个煮来吃”。

有人悄悄议论：这所长莫不是“傻”的？不吃请、不收礼就罢了，那一年，他儿子要去三亚读大学，好几辆警车停在所里，他还跑去找亲戚借车。这两年，他儿子毕业回来了，找不到工作也不见他出面，那么多工作机会都先给了别人家的孩子。

“他不听那些闲话，只说‘拿人手软、吃人嘴软，要是吃了、拿了，我这个腰板还怎么挺得起来？’”邱少英回忆，这么些年，如要说丈夫真为家里做了什么打算，就是在其侦办案件过程中，家人已经受到人身威胁的时候，同意把孩子送到外地读书，又在阳台上绑了一根粗绳，告诉她：“如果有情况，前门出不去，你就从这里吊下去跑。”

可她知道，丈夫是深爱着这个家的。

每每在家泡茶，朱国茂总要将第一杯倒给妻子。邱少英说：“这是他在默默地弥补对我的亏欠。”她被泪水哽住了喉头，“还有一件事，我从来没有跟任何人说起……好多个晚上，他都是牵着我的手入睡的。我不敢动，怕惊醒了他。”

他也不忍惊醒熟睡的妻子啊。在2016年3月6日凌晨3时许，他生命的最后时刻，仍是强忍着心口的剧痛，从派出所走回了家，坐在床头轻轻地摇醒了妻子，柔声问："你能不能陪我去医院看看？"邱少英翻身下床，才发现"重感冒"多日仍然不肯离开工作岗位的丈夫，此时已经手脚发软，支撑不住自身的重量。

她没有想到，这竟是丈夫与她最后的对话。接下来的两个小时里，除了因为心肌梗塞发出的呻吟，他没有对她再说一句话，也没有等来儿子和其他亲朋。

可这不是51岁的朱国茂留给世界的最后一句话。在邱少英四处奔走联系急救事宜时，他拉过派出所的司机秦日强："把枪……还回所里。"

"这也是我后来才听司机说起的。"但是，邱少英在探不到丈夫鼻息的第一时间，便伸手去摸他的枪套，"这枪就是他的命。命没了，枪也不能留……"

巍巍青山埋忠骨，朵朵白花奠英灵。朱国茂因公殉职的消息传开，自发赶来参加追悼会的群众数以百计。

泪飞化作倾盆雨，淋湿了初春的西华农场。他印在工作证上的照片被人们一次次仰望。那张熟悉的面庞微带笑意，双眼却好似噙着泪水——他对这片土地，爱得深沉！

（《海南日报》2017年3月31日 A02）

“你这一生操劳，党和人民都认可了”

陈蔚林　宋洪涛　陈炜森

“这一次去北京，我的心情很不平静。毕竟，这座奖杯应该是他自己捧回来的。”今天下午，儋州市公安局西华派出所原所长朱国茂的遗孀邱少英，带着丈夫的全国公安系统“情满万家·派出所好民警”荣誉奖杯，回到了海南。

她的双眼有些红肿，像是刚刚哭过一场：“飞机快降落的时候，我从舷窗里看到了满眼的绿色，就再也控制不住泪水——这是生养他的地方，是我们一同生活的地方啊……”

对于邱少英来说，这是一段载满泪水的旅程。刚到北京，她的泪水就像是决了堤、失了控。7年前，因为立功，朱国茂被奖励到北京交流学习。邱少英没有来过北京，便自费陪同丈夫前来。她有些后悔当初的决定：“如今物是人非，看着实在痛心！”

好在，这一路，邱少英得到了公安部治安管理局、公安部办公厅等单位的热情接待，更受到了中共中央政治局委员、中央政法委书记孟建柱和国务委员、公安部部长郭声琨的亲切接见。她转告前来会见的省公安厅厅长范华平:“孟书记对基层民警的工作表示肯定，谢谢他们力保一方平安。”

范华平代表省公安厅党委，向朱国茂同志表示崇高敬意，向邱少英致以诚挚问候。他说，朱国茂同志是我省公安民警的杰出代表，也是全省公安民警的学习楷模。省公安厅和儋州市公安局会始终关心照顾朱国茂同志的家庭，帮助其家属解决生活中的实际困难。

记者注意到，从下飞机到回儋州，邱少英总把丈夫的奖杯紧紧抱在怀中。她说，昨晚颁奖典礼后，她就把奖杯的照片传上了微博，配发的文字是：“另一个世界的你，知道吗？”

“我希望他知道，我相信他会知道的。”邱少英说，“你这一生操劳，党和人民都认可了啊……”

（《海南日报》海口 3月 30日讯）

2017 年 3 月 30 日，范华平在省公安厅会见载誉归来的朱国茂妻子邱少英

海南好民警朱国茂
用28年写百万字警情日记

何慧蓉

【人物档案】

朱国茂，男，1965年9月21日出生，中共党员，一级警督，海南儋州人，1983年10月参加工作，1988年11月参加公安工作。从警28年来，历任儋州市公安局西联分局西华派出所民警、副所长、教导员、所长。2016年3月6日，在连续高负荷工作一个月后，突发心肌梗塞经抢救无效殉职，年仅51岁。

飞机准备降落，透过窗户，邱少英看着越来越清晰的田野、村庄，眼泪再次夺眶而出。她的手指无意识地摩挲着奖杯上金灿灿的“朱国茂”这3个字，时间仿佛回到了7年前。

7年前，邱少英跟着朱国茂第一次去了北京，那也是夫妻俩的第一次远途旅行。回程路上，看着飞机下方一片绿意的海南，夫妻俩都很兴奋。“那是生养我们的地方，也是我们扎根的地方啊”。

7年后再去北京，邱少英却是代替朱国茂领回“情满万家·派出所好民警”的奖杯，“本来这个奖应该他自己去领的”。只是，他已不在。他，永远留在了儋州西华，与那片他守护了28年的土地融为一体……

他以所为家
妻子等他26年没等到退休后的“归隐”

1990年结婚后，邱少英就习惯了等待朱国茂，等他一起吃饭、等他回家。跟朱国茂在一个派出所20多年的梁保强等人都知道，朱国茂以所为家，吃饭都要邱少英打好几次电话，吃了饭又回派出所，“有人来找我办事也方便”。梁保强他们在外出警，朱国茂就在所里守着，也不睡觉，“你们不回来我咋睡”。朱国茂把派出所当成了家，所里的花花草草都是朱国茂自己种，自己修剪的，他还亲自打扫卫生。他在所里待着，邱少英就在家里等着。

生孩子住进医院的时候，邱少英还是在等。“当时要剖腹产，情况很急，需要家属签字”，等待的过程中，邱少英被阵痛折磨得冷汗直流，却一直联系不上丈夫，最后还是同事通过对讲机才将朱国茂“催”到了医院，签字手术。年龄渐渐大了之后，邱少英还是在等，她等朱国茂退休。“他跟我说过，退休以后回农村，和家里人住在一起”。

可是，她没能等来朱国茂退休，也没等到他答应的退休后的平凡相守。2016 年 3 月 6 日凌晨，朱国茂突发心肌梗塞，抢救无效离开人世。

邱少英很后悔，后悔她当初没有多劝劝朱国茂，让他注意身体，多休息。虽然，她知道，她根本劝不住。每次看到丈夫回家瘫靠椅子上，头歪着，皱着眉头叹气，一脸疲惫的时候，邱少英忍不住埋怨他太不顾惜自己身体，总是让自己那么累。“他跟我说，他就是一个警察，警察天生就要受累的，警察受累，老百姓才有平安”。

3 月 29 日晚上，邱少英代替朱国茂，在北京公安部领取了“派出所好民警”的奖杯。奖杯很沉。她拍下了奖杯的照片，发了一条微博，写上“另外一个世界的你知道吗？”邱少英很希望丈夫能知道。“他一辈子辛劳，一辈子努力，这样应该算成功了吧”，这个答案，邱少英再也等不到了。

找失足人喝茶
他为“恨”他的青年人谋出路

朱国茂去世后，西华农场红林队的王某鑫跑到他家，证实他确实“走了”之后，一个人哭了。那个他曾经很恨的朱所长（朱国茂），不在了。

“怎么可能不恨？”2011年9月份，王某鑫广派请帖，准备办结婚喜酒。可是，因为牵涉寻衅滋事、聚众斗殴等案件，王某鑫不得不让朋友收回请帖，到派出所投案。当时，距离他结婚只有几天。3年后，王某鑫出狱，“当时不只是恨一个人，是恨整个社会”，王某鑫出来两三天后，就遇到了“仇人”朱国茂。朱国茂像招呼一个老朋友一样，说下班后找他喝茶。王某鑫没有理睬，一句话没说转头就走了，他没想到隔了一两天再次遇到，朱国茂又说起了“喝茶”的事。这一次，抱着看朱国茂葫芦里卖什么药的想法，王某鑫去了。“喝茶”过程中，朱国茂介绍了王某鑫卖竹子的生意。两个月忙下来，王某鑫赚了八千多元。从那以后，王某鑫经常和朱国茂“喝茶”，“他确实帮了我很多”，王某鑫说，朱国茂就像是他很好的朋友。

“他说别人看不起你，我看得起你”，王某鑫一直记得朱国茂的话，他说，他今后会好好生活。

他“无情”不帮亲
亲友犯案他不给面子拒绝从轻处理

不只是王某鑫，就连多年的搭档符有卿都曾觉得朱国茂“无情”。朱国茂“无情”到曾经将吸毒的侄儿亲手送去强制戒毒。

符有卿与朱国茂在20世纪90年代就认识了，后来符有卿在西华农场从事护林保胶的工作，跟朱国茂是上下级关系。不记得是2006年还是2007年了，有一天，符有卿接到家人的电话，说他的三姐夫在骑摩托车帮人运盗窃的胶水时被西华派出所的人抓了，让他想想办法。

“我跟他那么熟，从轻处理不是很简单的事吗？”符有卿这样想着，先是给朱国茂打了电话，后来又亲自到派出所找朱国茂。“他给我到了茶，然后讲很多

道理”，符有卿当时觉得很不舒服，不太明白朱国茂为什么不给他这个面子，因此对朱国茂当时的一堆道理并没听进去，对朱国茂有些埋怨。后来，在他做护林保胶的工作时，一些亲戚朋友打电话向他求情时，他才明白朱国茂当时的心情，“他不是无情，他只是讲原则”。

28 本警情日记
记录着辖区由大乱到大治

邱少英与朱国茂结婚 26 年，但是对于丈夫工作上的事情，她知道得很少，“他从来不把工作的事情带回家”。朱国茂出事那天凌晨，邱少英给儿子、亲人打完电话过来时，朱国茂已经没了呼吸。她试着伸手去碰朱国茂的枪，因为她知道朱国茂把枪看得跟命一样，他滴酒不沾也是因为身上的枪。但是，她摸了个空。去世之前，朱国茂忍着胸口的绞痛，艰难地叮嘱派出所的司机秦日强一定要把枪带回所里，交给教导员谭卫新。

朱国茂走后一个星期，谭卫新和邱少英等人收拾朱国茂的遗物。在办公桌侧后方下面的柜子里，谭卫新发现了一本本叠放得整整齐齐的警情日记。数了一下，一共 28 本。28 本警情日记，百万文字，记录着邱少英不清楚的朱国茂的工作，记录着朱国茂警察生涯中大大小小的事情，也记录着辖区由大乱到大治的不凡历程。

2016年3月5日上午，梁保强在派出所的调解室对一起伤害案件进行调解。调解完后，他去向朱国茂汇报情况，当时朱国茂还在办公室看案卷。谭卫新说，当天朱国茂还交代他要将他们进行保安整顿的事情写个材料放到内网上。听着朱国茂有条不紊地安排工作，他们并没有意识到朱国茂的异状。

3月6日凌晨，胸闷、冒冷汗、手脚发软，重感冒持续数日之后，突发心肌梗塞剧烈的疼痛感终于疯狂袭来。朱国茂给秦日强打电话送自己去医院，并坚持从派出所办公楼二楼走下来。抵达西部中心医院后，朱国茂突发心肌梗塞致死。

“2016.3.5，星期六，姚伟成、梁保强调查处理符某可、符某拜伤害案件。”朱国茂的“警情日记”写到了生命的最后时刻。

（《南国都市报》2017年3月31日）

儋州西华派出所原所长朱国茂被追授为“海南省优秀共产党员”，他扎根垦区30年埋头苦干，写下百万字警情日记，用生命诠释信仰——

警魂耀天涯

陈蔚林　宋洪涛　陈炜森

秋意渐起，儋州市公安局西华派出所一派生机。

一年多了，原所长朱国茂种下的三角梅仍在窗边怒放，派出所门前的椰树也还在傲然生长，把根深深地扎进土地，再把果实累累地坠在枝头。

只是，总为它们驻足的那个人，再也不会回来了。2016年3月6日，朱国茂因过度劳累突发心肌梗塞，经抢救无效殉职，年仅51岁。

日前，海南省委追授他为“海南省优秀共产党员”，并评价他是海南省新时期优秀基层党员干部，是践行党的群众路线的先进代表，是“两学一做”学习教育中涌现的先锋模范。这份沉甸甸的荣誉，他没能亲手接过。

“我至今不能原谅自己，如果坚持让他去看医生，他是不是就不会走了？”朱国茂的遗孀邱少英一次次自责地说着这句话，一遍遍回忆起丈夫离开前那几日的情景，“坚持也没用，那几天忙啊，他抽不开身，还反过来给我讲道理——警察就是天生要受累的，警察受累，老百姓就有平安。”

对党忠诚
他从警期间写下百万字警情日记

一个能保老百姓平安的警察，光是肯吃苦受累就够了吗？儋州市公安局西华派出所民警姚伟成心里，写着朱国茂留给他的答案。

多年前，西华农场曾一度恶势力猖獗，“偷砸抢”事件时有发生，严重时还曾发展为殴打群众等恶性案件。为此，朱国茂精心部署了一次又一次抓捕犯罪分子的严打行动。然而，这股恶势力气焰嚣张，不仅谋划暴力抗法，还扬言要“专打朱国茂”。

姚伟成回忆，消息传来，朱国茂第一反应就是：“要一击制胜，决不能手软；要一网打尽，决不留后患！”很快，在他严密布控下，这个团伙被“一锅端”，十余个犯罪分子全部落网，农场治安也由此开始好转。

“事后，我问朱所长，‘这帮人威胁你，你真的不怕吗？’”姚伟成把他的回答记到现在——“哪有不怕的？但我们是警察，要是连警察都向恶势力低头，那人民群众就没有活路了！”

回想往事，姚伟成之所以历历在目，不仅因为当时受到了极大的震撼，还因为派出所里至今还保留着朱国茂写下的 28 本警情日记。想老所长了，他们就翻上一翻，是追忆故人，更是接受教育。

是一种什么样的信念支撑着朱国茂，让他在从一名普通民警成长为派出所所长的期间，日复一日地把工作记录在册，写就了百万字的警情日记？儋州市公安局民警王敬芳很难想象，在朱国茂突发心肌梗塞的临危之际，还用颤抖的手写下了这样一段文字：“2016 年 3 月 5 日，星期六，姚伟成、梁保强调查处理符某可、符某拜伤害案件……”

每每读到警情日记里那一次次警务会议、一件件危险案情、一幕幕惊心动魄的场景、一段段鱼水情深的故事……王敬芳总会热泪盈眶：“朱所长的形象就那样鲜活地出现在我的眼前。他用常人无法理解的漫长书写，诠释了一个共产党员最宝贵的品质——对党忠诚。”

服务人民
他把亲手抓捕的犯罪分子当成帮扶对象

朱国茂去世后，曾有一个年轻人来到朱国茂家里。

“他说要还钱，还朱国茂借给他的钱。”邱少英认识这个人，他曾经因为犯罪进过监狱，出狱后，朱国茂主动借给他 5000 元钱做创业资本，但从此就再也没向他提起过这笔钱的事儿。“像我这样从牢里放出来的人，没有人会理睬，更别说借钱给我，只有朱所长相信我……”说着，这个年轻人的眼泪流了出来，把钱往邱少英手里一推，跑了。

朱国茂的眼里没有绝对的“坏人”。由他亲手抓捕入狱的犯罪分子，在服刑期满被释放后，都成了他的重点帮扶对象。

2012 年，农场青年王某鑫将人砍伤，在婚礼前一天被朱国茂抓捕入狱，与心上人一别就是 3 年。在狱中，他最想干的就是“赶紧出去打那个一顿”。可当真看到朱国茂时，他却下不了手，“他问我以后有什么打算，那语气是真的关心。好几次，他陪着我，沏上两杯茶一聊就聊到后半夜”。

后来，还是朱国茂给王某鑫搭上了桥，让他做成了第一笔生意，把这个年轻人扶上了正途。即使已对许多人说过朱国茂的好，再次提及，王某鑫仍忍不住流泪，哽咽地说道：“我从小就不知道自己的父母是谁，是朱所长让我有了想叫一个人‘爸爸’的冲动。”

朱国茂对群众付出了真心，对这一点，山东投资商季建潍毫不怀疑：那一年，他搭乘朱国茂的汽车下乡，前方既无来人也无急弯，车子却悠悠地慢了下来。原来，路中间积着一摊水，朱国茂怕车速快了，积水溅到行人身上，“铁汉柔情，他的心那么细那么软，就是因为里头装着群众！”

“朱所长常教我们：警察的本事要从书本上学，更要向社会学、向实践学，走到百姓中间去。”姚伟成说，朱国茂认定了，警察要打交道的终究是人，要服务的终究是那些生活在他们身边的人民群众……

埋头苦干
他像老黄牛一样默默奉献服务群众

睁一只眼闭一只眼就能给“兄弟”扫除烦恼的事，你干吗？

西华十六队派驻组副主任符有卿知道，这样的事，朱国茂不会干。

有一回，符有卿的姐夫因帮助偷胶人运输盗来的胶水，被派出所民警抓获并扣押了摩托车。接到姐姐的求助电话，符有卿很有自信地说：“我跟朱国茂认识十几年了，我这就让‘兄弟’放人放车！”

没想到，找到朱国茂才发现，他的这位“兄弟”像是变了个人，说起话来虽是客客气气却寸步不让：“谁家没有亲戚？如果人人都像你一样来同我说情，那以后的工作还怎么开展？”经过朱国茂的耐心开解，符有卿不仅理解了他的苦衷，还帮着做通了姐姐的思想工作。

讨不到便宜的，还有场部村民何金花。因为丈夫参与盗伐防风林被抓，她曾三番五次到派出所甚至朱国茂的家里闹。闹到最后，她干脆赖上了朱家：人家围桌吃饭，她既不吃也不走，就在桌前直勾勾地盯着。即便如此，朱国茂仍然依法处理了何金花的丈夫。何金花现在想来，对自己的行为有点后悔，“我当时真是犯傻！”

但是对普通百姓，他却特别平易近人。姚伟成说，朱所长常常提醒年轻民警，派出所是为群众服务的最直接的窗口，对待来办事的群众要热情接待、周到服务，决不能给群众留下“门难进、脸难看、事难办”的印象。

他是这么说的，也是这么做的。西华场部有位年近九十的老人符彩叫，在2010年和周边邻居闹起了宅基地纠纷。朱国茂不等老人上门来请，就主动去现场调解，耐心寻找让双方都能接受的解决办法。

农场群众告诉记者，头几年，西华农场待业青年不少，因为文化程度不高、法律意识淡薄，他们经常喝酒、打牌、拌嘴、打架。只要没有出警任务，朱国茂就会来到农场，挨家挨户地找青年谈心，甚至自掏腰包买来种苗，挽着袖口、裤腿带头下地干活。有一回，他甚至专门去广东与企业沟通，先后解决了40名待业青年的就业问题。

这些服务群众的点滴小事，直到朱国茂殉职后才渐渐为人所知。其实，早些年也有人问他：“你一个

派出所所长，怎么干起了居委会主任、致富带头人的活？”但就如群众所说，“他像头老黄牛，只会埋头

苦干”，朱国茂只是笑笑答上一句：“要想稳，必先富。你不信，过几年再看。”

纪律严明
他不收礼不吃请公正执法骨头硬

“他能公正执法，是因为他的骨头够硬！结婚几十年，我从未见他接受过别人送的礼物，从来没见他接受过请吃请喝。”邱少英说，丈夫反复提醒家里人，吃别人的嘴软，拿别人的手短，嘴软手短了，骨头就硬不起来了。

因为宅基地纠纷顺利化解，符彩叫老人曾抓了两只自家养的鸡，拄着拐杖慢慢走到派出所，想送给朱

国茂补补身子，“可他说，‘解决问题是警察的本分，我拿了你这两只鸡就说不清了。’后来啊，是他把我送回了家，路上还一再地嘱咐我，‘以后不要再给所里送东西了’”。

“我爱和他玩笑：你这个清官看来是当定了，请吃你不来、送礼你不收。”季建滩发现，在朱国茂这里，请吃送礼那一套完全行不通。派出所的民警也知道，跟所长下乡，哪怕群众备了酒菜，也一口都不能吃。他会随身带着几个水煮鸡蛋，“那是他家母鸡下的蛋，嫂子攒到一篮就送到所里来。平时我们饿了，也去他办公室里煮两个来吃。”姚伟成说。

非但别人送的礼不收、请的饭不吃，西华农场副场长王华章发现，朱国茂平日里也非常自律：“在西华，人人都知道他是个滴酒不沾的人。但我知道他不是不会喝，而是不准自己喝。他说，警察是拿枪的人、开车的人，头脑必须保持清醒。”

他的清醒
保持到了生命的最后一刻

在妻子四处奔走联系急救事宜时，朱国茂已经意识到自己的人生走到了尽头。于是，他拉过派出所的司机秦日强说：“把枪……还回所里。”仿佛是一种默契，在探不到丈夫鼻息的第一时间，邱少英便伸手去摸他的枪套，“这枪就是他的命。命没了，枪也不能留……”

就是这样一个普普通通的海南基层民警，留给世界的最后一行字，是辖区当天的警情；留给世界的最后一句话，是把配枪还给组织。

可他留给世界的，又怎会只是这一行字、一句话？

派出所的民警们说，那28本警情日记，那枚他从不离身的党徽，那些他用血汗换来的奖章、奖杯，还有那份他对这片土地的挚爱、对群众的深情……这一切，都将被永远地珍藏在派出所里，就像所长办公室里那盏长夜不灭的灯，永远为他们引路、导航。

（《海南日报》2017年8月25日头版头条）

“警察受累，老百姓就有平安”
一位基层警察的荣誉

吴茂辉

“看着那桌凉了又热、热了又凉的饭菜，我总觉得，他还会下班回来吃饭……”近日，在海南举行的朱国茂先进事迹多场报告会上，邱少英一次次流着泪，向人们诉说着关于丈夫的点点滴滴。渐渐地，她不得不接受一个事实——那个无论多么疲惫，只要回到家就会给她泡上一杯茶的丈夫，永远不会再回来了。

海南时代楷模，这是朱国茂最新被追授的荣誉。在此之前，他已被追授公安部“情满万家·派出所好民警”“海南省优秀共产党员”等荣誉称号，加上生前获得的3次三等功和32个荣誉，朱国茂的一生，是荣誉的一生。

朱国茂的荣誉，源自他与违法犯罪势力的无数次英勇斗争。他生前所在的西华农场，由于历史原因，社会矛盾一度异常尖锐。2006年至2008年期间，10000多人的辖区先后有17人被判刑。无论面对什么危险，朱国茂从未退缩。

朱国茂的荣誉，源自他几十年如一日的工作热情和严格自律。从警以来，朱国茂坚持每天写警情日记。28 本笔记，百万余字，写出西华农场风云变幻的地方治安史，也写出朱国茂作为一个普通警察生命岁月的全部辉煌。

这些日记，不是单调的会议性记录，而是涵盖案件信息和情报记录、辖区贫困人群状况、派出所业务学习活动，甚至农业领域知识等多方面的内容。

“每天无论多晚多累他都要把当天的事情记录下来，经常在大半夜，朱所长的办公室还亮着灯。”在朱国茂的同事、民警姚伟成看来，朱国茂靠着远超常人的严格自律，把 28 年的漫长书写变成生命中不可或缺的一种坚守。

朱国茂的荣誉，源自他对人民群众满腔热忱和倾情付出。朱国茂去世后，上千群众自发前去送行，但他们并不知道，这个结婚 26 年的警察，还未曾有机会去兑现一个新婚时跟妻子许下的诺言——带她去三亚旅游一次。

朱国茂把根扎在了西华，他对家人的最大亏欠，换来的是对群众的奉献。辖区一些社会青年没有工作，朱国茂专门到广东帮助联系，先后解决 40 多人的就业问题；山东老板季建潍在西华农场承包一片地种香蕉，朱国茂不仅三番五次下到田间地头维护治安，还多次和季建潍交流农业种植技术；90 多岁的琼崖纵队老红军符彩叫，为感谢朱国茂帮他调解宅基地纠纷，拄着拐杖往所里送两只鸡，朱国茂委婉谢绝并开车把老人送回家……

在邱少英眼里，丈夫朱国茂不是一个懂得浪漫的人，也未曾有什么豪言壮语。针对她心里的委屈，朱国茂只说了一句话："我就是一个警察，警察就是天生要受累的，警察受累，老百姓就有平安。"

（新华社海口 9 月 7 日电）

2018 年 6 月 9 日，公安部宣传局局长战俊宣读公安部追授命令并为朱国茂同志妻子颁发全国公安系统二级英雄模范的证书和奖章

朱国茂同志先进事迹报告会在儋州市大剧院举行

第四篇
反响·观点

朱国茂毫无畏惧地走到闹事人群面前高喊道："你们谁说得上话，出来和我谈谈……"话音未落，突然从旁边甩过来一根铁棍，狠狠打在他右肩上。朱国茂顾不上伤痛，一个转身立即揪住了偷袭者，又一个反制，将那人双臂扭转。我们见状也不顾一切地冲上去，将那偷袭者迅速抓捕。闹事人群被朱国茂的强硬吓住了，纷纷逃离现场。——可以说，那几年里，类似的场面不知道发生过多少次，朱国茂总是用他那令违法者胆寒的凛然正气，化解了一次又一次的暴力事件。

用奉献雕刻共产党人的光辉形象

《海南日报》评论员

总有一种力量让我们泪流满面，总有一种精神令人们荡气回肠。

作为一名共产党员，朱国茂数十年如一日，时刻把群众的安危冷暖挂在心上，从点滴做起，急群众之所急，帮群众之所需，真心实意、千方百计为百姓排忧解难；作为一名人民警察，他以所为家、以警为荣，在西华派出所，最早到的人是他，最晚退的人是他，在连续高负荷工作一个月后，突发心肌梗塞殉职，生命永远定格在了51岁。

一身报国有万死，双鬓向人无再青。琼岛不会忘记，朱国茂作为一名共产党员和人民警察那忠诚可靠、无私无畏的坚定信念，那“一思尚存，此志不懈”的政治本色。2006年至2008年期间，因退场风波引发了群体性冲突近百起。但无论面对什么样的危险，朱国茂从未退缩，而是始终身先士卒，冲锋在前，以血肉之躯筑起了辖区安全的铜墙铁壁。

琼岛不会忘记，他那心系百姓、真诚为民的公仆情怀，那“些小吾曹州县吏，一枝一叶总关情”的思想境界。面对失足青年，他不厌其烦地谈心开导，帮其走上正道；面对贫困群众，他反反复复地自掏腰包，助他们脱贫致富。正是由于他把对群众的深厚感情转化为一心为民的强大动力，从一点一滴、一言一行做起，既对侵犯群众利益的行为挺身而出，又为帮扶群众的生活难题俯身躬行，才用真心真情赢得了群众爱戴，成为了践行党的群众路线的生动范例。

琼岛不会忘记，他那夙夜在公、扎根基层、淡泊名利的人生选择，那“采得百花成蜜后，为谁辛苦为谁甜”的奉献精神。派出所里，午夜唯一亮着灯的房间是他的办公室；从警28年来，他一直在西华农场默默耕耘，不争功、不请赏，只求造福一方，不求个人回报。

秉一身正气而来，留两袖清风而去，英雄虽逝，但给我们留下了一座永远的丰碑，这是用忠诚担当铸就的警魂，更是用奉献雕刻的共产党人的光辉形象。我们要以朱国茂同志为榜样，进一步坚定理想信念，以更加饱满的热情、更加旺盛的斗志投入各项工作，以奋发有为的精神状态和求真务实的作风，同心同德、苦干实干、锐意进取、奋勇拼搏，努力谱写“最好最美海南”建设新篇章。

朱国茂同志先进事迹报告会
在儋州引起强烈反响
汲取榜样力量　弘扬特区精神

易宗平　李珂　廖伟生

8 月 24 日，朱国茂同志先进事迹首场报告会在儋州举行。朱国茂的先进事迹是特区精神的生动写照，他埋头苦干、无私奉献的精神，深深感动着全场每一位聆听者。

掌声，是对埋头苦干者的一种礼赞。

儋州市公安局西华派出所民警姚伟成讲述，多少次的办案，朱国茂都身先士卒、苦干实干。2001 年的一次出警，尽管已连续办理多宗案件，朱国茂仍然拖着疲惫的身躯带队赶赴现场，将犯罪嫌疑人一举拿下。

儋州市公安局民警王敬芳，负责整理朱国茂遗留下来的百万字的警情日记。她感慨，朱国茂把每天的警情警况都记录下来，正是凭借这种埋头苦干的精神，他带领民警快速成功地处置了不少棘手案件。

泪水，是对埋头苦干者的一种感动。

朱国茂的妻子邱少英泣不成声地回忆：丈夫工作太忙很少顾家，但只要在家，无论多累，都会亲手给妻子泡上一杯茶。

他的这种温情，也倾注于刑满释放人员身上。王敬芳讲述，朱国茂曾在1996年主动拿出5000元积蓄，借给刑满释放人员王某鑫，帮助他走上创业自强之路。后来，王某鑫把朱国茂当成自己的父亲一样敬重。在儋州西华地区做农业项目的山东人季建潍，在宣讲中连连称赞朱国茂是“好人”“好警察”“好所长”。

朱国茂以埋头苦干的实际行动诠释了特区精神。在场聆听的儋州市政法系统430余人，不时报以热烈的掌声，不少人热泪盈眶。

榜样的力量是无穷的。

“今天的报告会，让我最感动的是，埋头苦干成为朱国茂同志一生的座右铭和实际行动。”儋州市公安局西联分局局长蔡如云说，“我们要学习朱国茂同志埋头苦干的高贵品质，努力做好维护社会稳定工作。”

谈及守护公平正义，儋州市人民检察院检察官助理莫迪焜说：“朱国茂同志是我们的榜样，在检察工作中，要进一步增强责任感，埋头苦干，不断提升办案质量，坚持依法治国理念。”儋州市人民法院法官助理阮良说：“正是因为埋头苦干，朱国茂才深受广大群众认可和尊敬。我们要积极学习他的先进事迹，弘扬特区精神，扎扎实实地做好本职工作。”

提起朱国茂无私帮助刑满释放人员的事迹，儋州市司法局社区矫正科负责人黎官富说，他与同事也曾多次对一些刑满释放人员进行引导、及时帮扶。今后，我们将以朱国茂同志埋头苦干的先进事迹为学习标杆，把社区矫正工作做得更细致、更深入。

如何弘扬敢闯敢试敢为人先埋头苦干的特区精神，加快建设经济繁荣、社会文明、生态宜居、人民幸福的美好新海南？儋州市委书记张耕表示，要实现这一目标，需要无数个像朱国茂同志这样铁骨丹心的基层工作者、忠诚无畏的共产党员、担当实干的领导干部。希望全市党员干部把榜样的力量化为推进工作的强大动力，实施新兴增长极和新型城镇化的“双新”战略，为建设平安儋州、美好儋州作出新的更大贡献，为党的十九大胜利召开营造和谐稳定的社会环境。

（《海南日报》那大8月24日电）

儋州西华派出所原所长朱国茂的事迹持续引发社会热烈反响
特区精神引领　榜样激励前行

周元　宋洪涛　陈炜森

儋州西华派出所原所长朱国茂近日被追授“海南省优秀共产党员”，其先进事迹首场专题报告会24日在儋州举行，持续引发社会各界热烈反响。大家纷纷表示要以朱国茂为榜样，以实际行动践行特区精神，为建设美好新海南贡献力量。

省公安厅党委书记、厅长范华平表示，朱国茂同志是海南公安队伍里的英雄模范，他扎根派出所，埋头苦干，默默奉献，一干就是28年，这充分体现了人民警察忠诚和奉献的精神特质，也是敢闯敢试敢为人先埋头苦干的特区精神的生动写照。省委追授他为“海南省优秀共产党员”，全省公安机关各级党组织要开展学习朱国茂同志的活动，自觉践行习近平总书记对公安工作提出的“对党忠诚、服务人民、执法公正、纪律严明”的总要求，扛起人民公安的使命担当，大力弘扬特区精神，在“两学一做”学习教育和大研讨大行动活动中严格要求自己，在“迎接十九大、忠诚保平安”活动中扎实履职，在建设美好新海南中埋头苦干、忠诚奉献，以全省社会政治和治安环境的持续平安稳定来迎接党的十九大胜利召开。

省公安厅交警总队民警陈孝文说，作为战友也是晚辈，朱国茂同志的先进事迹令人感动。他扎根垦区，埋头苦干，坚持不懈地写下28本百万字的警情日记，从警务会议到案件分析，从惊心动魄的出警现场到鱼水情深的警民故事，这一切留给我们的不仅仅只是公安工作经验，更为我们树立了特区精神的实践榜样。“作为一名交通警察，我将以朱国茂同志为榜样，以实际行动践行特区精神，营造文明出行、守法出行的道路交通环境，为建设美好新海南贡献自己的一份力量。”

海口市公安局刑警支队民警何福运表示，好战友朱国茂是我们的榜样。作为一名共产党员、一名基层刑警，学习朱国茂同志的精神，就是要从自身做起，从小事做起，从扎实履职做起，不断增强自己业务素质能力，真正做到埋头苦干，打击刑事犯罪，保障人民群众生命财产安全。

琼海市公安局特警大队民警邢益斌认为，对朱国茂来说，“从群众中来，到群众中去，一切为了群众，一切依靠群众”不仅仅是思想层面上的，更需要用实际行动来诠释。“我作为一名时刻在一线打击违法犯罪、服务群众的琼海特警，更要时刻牢记共产党员的宗旨，以朱国茂为榜样，牢记‘对党忠诚、服务人民、执法公正、纪律严明’的总要求，真抓实干，严格要求自己，切实履行好守护一方平安，服务一方百姓的职责。”

“把每件平凡的事情做好，就不平凡！”澄迈县纪委监察局干部庞学彬说，朱国茂同志身上体现的特区精神就是一面镜子，照亮我们的心灵，将激励我们埋头苦干，更好地做好纪检监察工作，更好地服务基层、服务广大人民群众。

海南省公安厅政治部主任江伟，儋州市委常委、公安局局长易向阳看望报告团成员

“我们以本系的微信公众号为平台，不断向师生推送关于朱国茂同志的先进事迹。开学后，还会召开学习朱国茂的主题班会。”海南政法职业学院公安司法系教师林晓辉说，“朱国茂是全省政法工作者的骄傲，他埋头苦干的品质是特区精神的生动写照，也

是人民警察应有的价值追求。学院开展多种形式的学习活动，就是激励师生以朱国茂为榜样，找差距、树理想，爱岗敬业、埋头苦干，为美好新海南的建设贡献光和热。”

陈敏是海南政法职业学院社区矫正专业的大三学生，作为一名未来的民警，她对前辈朱国茂充满敬意。她说：“朱国茂是勇敢无畏、不徇私情的铁汉，同时也爱民为民，充满柔情。他将如火的工作热情坚持了数十年，不计个人回报，是特区精神的生动体现，是‘两学一做’学习教育中涌现的先锋模范。在今后的职业生涯中，我可能也会遇到棘手的困难，甚至遇到危险，相信朱国茂的榜样精神将给予我坚持下去的力量！”

（《海南日报》海口 8 月 27 日讯）

深入学习朱国茂先进事迹
大力弘扬特区精神

时代的楷模 特区的脊梁

陈蔚林 宋洪涛 陈炜森

伟大时代呼唤伟大精神，伟大精神铸就时代楷模。今天晚上，海南时代楷模发布会之致敬儋州市公安局西华派出所原所长朱国茂特别节目向全省直播。

省委常委、宣传部部长肖莺子会见了朱国茂家属及其先进事迹报告团成员，并为朱国茂颁发“海南时代楷模”奖杯和证书。朱国茂家属代其领奖。

一方水土养一方人。自海南建省办经济特区以来，在特区精神的熏陶、感召下，在不同的历史时期，我省涌现出一批批埋头苦干、无私奉献的先进典型。由省委宣传部联合海南广播电视总台共同推出的海南时代楷模发布会，就是为了发挥先锋楷模引领作用，弘扬特区精神和椰树精神，同时把宣传楷模作为一种常态，生动展示楷模的感人事迹和高尚情操，推动全社会形成尊重楷模、学习楷模的良好风气，为建设美好新海南凝聚强大的精神力量。

2016年3月6日凌晨，朱国茂突发心肌梗塞因公殉职，年仅51岁。日前，他的事迹被中央及本省主流媒体广泛报道，感动、激励了许多人。今年8月，省委追授其为“海南省优秀共产党员”，号召全省干部群众向他学习。

发布会上，朱国茂的家人、同事及他服务过的群众动情讲述了他的故事。海南大学2015级法律硕士（法学）班学生符豪深受感动，他说：“椰子树虽然身材纤细，却不惧风暴，再强再猛的台风，也很难将它刮倒。朱所长也是血肉之躯，但他心里那团火，为老百姓无悔地燃烧着，不计较得失，不索取私利，这就是他对党和人民永远的忠诚。”

“像朱国茂这样的时代楷模就是特区的脊梁。”省公安厅情报中心民警符大成在观看节目后说，“我们都应该以朱国茂同志为榜样，学习他身上敢闯敢试敢为人先埋头苦干的特区精神，把这种精神融入各项工作中去，为加快建设美好新海南作出更大贡献。”

（《海南日报》海口9月5日讯）

特区精神的生动写照

海南日报评论员

面对不法分子，他积极冲锋陷阵；面对服刑人员，他用心用情感化；面对亲朋好友，他拒绝以权谋私……扎根垦区 30 年，朱国茂同志恪尽职守，忠诚为公，将生命奉献给了公安事业。朱国茂同志是我省新时期优秀基层共产党员，是践行党的群众路线的先进代表，是“两学一做”学习教育中涌现出的先进模范，其为民担当的先进事迹正是特区精神的生动写照。省委追授朱国茂同志为“海南省优秀共产党员”，正是对其先进事迹的肯定与表彰。

扎根基层，爱岗敬业；心系群众，无私奉献；不惧风险，迎难而上……扎根垦区 30 年，在护卫一方平安中，朱国茂同志身上展现出了诸多优秀品质，而其中的一个鲜明特质就是埋头苦干。正是在埋头苦干中，朱国茂同志从一个只有初中文化水平的年轻民警，成长为一名经验丰富的优秀派出所所长；正是在埋头苦干中，朱国茂同志坚持不懈写下 28 本百万字的警情日记，为同事们留下了宝贵财富；正是在埋头苦干中，朱国茂同志带领干警们共同守护了群众的生命和财产安全，实现了辖区由大乱到大治的跨越；也正是因为埋头苦干，朱国茂同志才深受广大群众的认可、称赞和尊敬。

这是一场精神的接力与传承。优秀共产党员朱国茂，是琼州大地涌现出来的又一时代楷模，其埋头苦干的高贵品质，也正是在海南经济特区这片热土上滋养出来的。自建省办经济特区以来，在特区精神的熏陶、感召下，在不同的历史时期，我省涌现出一批批埋头苦干、无私奉献的先进典型。

他们是特区的“脊梁”，为特区的发展“发光散热”，为特区的蝶变鞠躬尽瘁。也正是靠着这埋头苦干精神的不懈传承，我们才能不断书写特区发展新的辉煌，不断开创国际旅游岛建设新的局面。而今，好民警朱国茂以生命和热血再次践行了埋头苦干的高贵品质，将特区精神再次传扬开来，其先进事迹值得我们每一个人尊敬、学习。

埋头苦干竭全力，心底无私天地宽。当前，我们正处于全面建成小康社会的关键时期，明年海南将迎来建省办经济特区 30 周年，在紧迫的形势、繁重的任务下，建设美好新海南既需要敢闯敢干，也需要埋头苦干，急切呼唤敢闯敢试敢为人先埋头苦干的特区精神，迫切需要更多像朱国茂同志那样扎扎实实、努力工作的好党员、好干部。基于此，广大公安干警要像朱国茂同志那样，自觉践行习近平总书记对公安工作提出的“对党忠诚、服务人民、执法公正、纪律严明”的要求，扛起人民公安的使命担当，向党和人民交出优秀答卷；广大党员干部要积极学习朱国茂同志先进事迹，在“两学一做”学习教育中严格要求自己，大力弘扬特区精神，立足岗位，埋头苦干，拼搏实干，为加快建设美好新海南，为书写特区发展新的辉煌，作出新的更大贡献。

向朱国茂同志学习 弘扬特区精神

南海平

朱国茂同志留下的百万字警情日记，无豪言壮语，但字字彰显其政治品格、拼搏精神、公仆情怀、浩然正气、优秀品质。从3月获得“全国公安派出所好民警”的殊荣，到6月份全省精神文明建设大会上省委书记刘赐贵的点赞，再到今天省委以《决定》的庄严形式，追授其 “海南省优秀共产党员”称号，充分表明：党和人民的好儿子，党和人民永远铭记。

省委号召广大党员干部向朱国茂同志学习，以榜样力量引路，深化“两学一做”，体现了弘扬正气，弘扬特区精神。

“另一个世界的你知道吗？”朱国茂的妻子在奖杯照片上这样发问已故的丈夫。我们多愿朱国茂同志真有在天之灵，但他从宣誓入党的第一天起、穿起警服的第一天起，选择的就是埋头苦干，他只知道自己的使命担当，自古英雄无悔：一如他的名字“国茂”：国者，国家人民也；茂者，党和人民事业繁荣昌盛也。

朱国茂同志埋头苦干，是特区精神的实践者，向朱国茂同志学习，立足岗位履职尽责，让我们凝心聚力，奋力拼搏，弘扬特区精神，加快建设美好新海南！

第五篇
追忆·忠诚

“他总说，警察就该多受累，警察受累，老百姓就有平安……这么多年里，我支持他工作，从不埋怨。每当我回到家，哪怕只是看到他换下的衣服，看到他日常用的东西，就算我煮好的饭菜热了又凉、凉了又热，心里也感到特别踏实。”朱国茂的妻子邱少英说。

媒体关注

南海网：28年脚步不停践行警察誓言——追记海南好民警朱国茂

28年脚步不停践行警察誓言——追记海南好民警朱国茂

来源： 南海网 作者：高鹏 时间：2017-03-31 09:27:50

海南省儋州市公安局西华派出所所长朱国茂

3月29日晚，全国公安系统“情满万家2017全国公安派出所好民
省儋州市公安局西华派出所原所长朱国茂的妻子邱少英手里捧着这
仪式上下来，她随即更新了一条微博，泪流满面地写道，“这份荣
个世界，你知道吗？”而在曾经的同事、家人、普通群众，甚至刑满
一个做事获大家好评、好学、好辇、好忙，办案是一名好手，为群

追记海南儋州市公安局西华派出所所长朱国茂

发布时间：2017-09-05 作者：宋洪涛 陈炜森 信息来源：人民公安报

日前，海南省委追授儋州市公安局西华派出所原所长朱国茂为“海南省优秀共产党员”，并评价他是海南省新时期优秀基层党员干部，是践行党的群众路线的先进代表，是“两学一做”学习教育中涌现的先锋模范。

但这份沉甸甸的荣誉，朱国茂没能亲手接过。2016年3月6日，朱国茂因过度劳累突发心肌梗塞，经抢救无效殉职，年仅51岁。

从警期间写下28本、百万字警情日记

一个能保卫老百姓平安的警察，光是肯吃苦受累就够了吗？西华派出所民警姚伟成心里，写着朱国茂留给他的答案。

多年前，西华农场一度恶势力猖獗，“偷砸抢”事件时有发生。为此，朱国茂精心部署了一次又一次抓捕犯罪分子的严打行动。然而，这股恶势力气焰嚣张，不仅谋划暴力抗法，还扬言要“专打朱国茂”。

姚伟成回忆，消息传来，朱国茂第一反应是“要一击制胜，决不能手软；要一网打尽，决不留后患”。很快，在严密布控下，这个团伙被“一锅端”，10余名犯罪分子全部落网，农场治安也由此开始好转。

“事后，我问朱所长‘这帮人威胁你，你真的不怕吗？’”姚伟成把他的回答记到现在——“哪有不怕的？但我们是警察，要是连警察都向恶势力低头，那人民群众就没有活路了！”

目，不仅因为当时受到了极大的震撼，还因为派出所里至今还保留着朱国茂写下的28本、
就翻一翻，是追忆故人，更是接受教育。
务会议、一件件危险案情、一幕幕惊心动魄的场景，一段段鱼水情深的故事……民警王敬
那样鲜活地出现在我的眼前。他用常人无法理解的漫长书写，诠释了一个共产党员最宝贵

人民公安报：追记海南儋州市公安局西华派出所所长朱国茂

朱国茂：警魂耀天涯

发布时间：2017-08-29 15:20 星期二 来源：海南日报

朱国茂同志(右一)在派出所接待来访群众。(资料照片)

秋意渐起，儋州市公安局西华派出所一派生机。

一年多了，原所长朱国茂种下的三角梅仍在窗边怒放，派出所门前的椰树也还在傲然生长，把根深深地扎进土地，再把果实累累地坠在枝头。

只是，总为它们驻足的那个人，再也不会回来了。2016年3月5日，朱国茂因过度劳累突发心肌梗塞，经抢救无效殉职，年仅51岁。

日前，省委追授他为“海南省优秀共产党员”，并评价他是我省新时期优秀基层党员干部，是践行党的群众路线的先进代表，是“两学一做”学习教育中涌现的先锋模范。这份沉甸甸的荣誉，他没能亲手接过。

“我至今不能原谅自己，如果坚持让他去看医生，他是不是就不会走了？”朱国茂的遗孀邱少英一次次自责地说着这句话，一遍遍回忆起丈夫离开前那几日的情景，“坚持也没用，那几天忙啊，他抽不开身，还反过来给我讲道理——警察就是天生要受累的，警察受累，老百姓就有平安。”

海南日报：朱国茂——警魂耀天涯

朱国茂同志先进事迹公安系统专场报告会举行

发布时间：2017-09-01 20:13 星期五　　来源：法制日报——法制网

法制网海口9月1日电 记者邢东伟 见习记者翟小功 今天，朱国茂先进事迹公安系统专场报告会在海南省公安厅举行。朱国茂同志的老同事、儋州市公安局西华派出所民警姚伟成，朱国茂同志的妻子邱少英等5位报告人分别以不同的身份，从不同的角度深情讲述了朱国茂同志扎根基层、从警为民、竭诚奉献的感人事迹。据了解，今年3月，朱国茂获全国公安系统“情满万家·派出所好民警”荣誉称号，8月被中共海南省委追授“海南省优秀共产党员”。

据介绍，朱国茂生于1965年9月，生前曾任儋州市公安局西华派出所民警、副所长、教导员、所长。2016年3月6日凌晨，突发心肌梗塞经抢救无效殉职，年仅51岁。他扎根垦区30年，在平凡的工作岗位上作出了不平凡的贡献，塑造了基层民警爱民为民的良好形象。从警期间，他将群众诉求记录在28本、一百万字的“警情日记”中，帮助解决农场青年就业、安置刑满释放人员等群众关心的诸多问题。

会议要求，全省各级公安机关要再次掀起深入学习宣传朱国茂同志先进事迹的热潮，要以朱国茂同志为榜样，忠诚履职担当，在英雄模范事迹和崇高精神的感召激励下，不断深化“迎接十九大，忠诚保平安”主题教育实践活动，为党的十九大的胜利召开营造良好的社会环境。同时，要以朱国茂同志典型示范为引领，切实把学习英模作为队伍建设的有力抓手，传承好的经验，好的做法，在队伍当中形成学先进、赶先进的浓厚氛围，切实扛起人民公安的使命担当，为加快建设美好新海南作出新的更大的贡献。

责任编辑：杨皎皎

法制日报—法制网：朱国茂同志先进事迹公安系统专场报告会举行

海南省委追授朱国茂同志为“海南省优秀共产党员”

发布时间：2017-08-24 00:05 星期四　　来源：法制日报——法制网

法制网海口8月23日电 记者邢东伟 见习记者翟小功 今天，海南省委办公厅印发
南省委关于追授朱国茂同志“海南省优秀共产党员”称号的决定》（下称《决定》），
各级党组织在深入推进“两学一做”学习教育常态化制度化中，组织引导广大党员干
同志学习。

朱国茂同志于1995年6月加入中国共产党，生前曾任儋州市公安局西华派出所民警
教导员、所长。2016年3月6日凌晨，在连续高负荷工作一个月后，突发心肌梗塞经抢
职，年仅51岁。

《决定》指出，朱国茂同志是我省新时期优秀基层党员干部，是践行党的群众路
表，是“两学一做”学习教育中涌现的先锋模范。他扎根垦区30年，忠肝铸警魂，铁
在平凡的工作岗位上作出了不平凡的贡献，塑造了基层民警爱民为民的良好形象，赢
众的一致好评。

为表彰先进、弘扬正气，激励广大党员坚定信念、牢记宗旨，实干担当、无私奉
力、奋力拼搏，充分发挥先锋模范作用，省委决定，追授朱国茂同志“海南省优秀共
号，号召广大党员干部向朱国茂同志学习，学习他对党忠诚、信念坚定、牢记使命的
学习他勇于担当、以身作则、迎难而上的拼搏精神；学习他扎根基层、从警为民、竭
仆情怀；学习他无惧无畏、不向邪恶低头、敢于同各种违法乱纪行为斗争到底的浩然
他刚正不阿、清正廉洁的优秀品质。

《决定》要求，全省各级党组织在深入推进“两学一做”学习教育常态化制度化中
引导广大党员干部向朱国茂同志学习，以先锋模范为榜样，立足岗位履职尽责，自觉
合格”，进一步密切联系群众，凝心聚力，奋力拼搏，为全面落实省第七次党代会提

法制日报—法制网：海南省委追授朱国茂同志为“海南省优秀共产党员”

群众眼中的朱国茂：一件件小事，让我们看到了大节

发布时间：2017-08-30 14:44 星期三　　来源：海南日报

■ 海南日报记者 陈蔚林 特约记者 宋洪涛 通讯员 陈炜森

追忆儋州市公安局西华派出所原副所长朱国茂，西华农场副场长王华章的语气，像是说起一位深交多年的老友：“老朱去世前3天，我还和他开过一次会。听说他去世，我真不敢相信自己的耳朵！当匆忙赶到他家，看到许多群众在哭着吊唁，才刻骨铭心地确认，朱国茂——这位一生守护西华农场的好警察，永远地离开了我们……”

西华农场常住人口超过一万，边界处交叉着许多新老村庄，由于地方习俗不同、历史遗留问题等，周边群众经常发生各种摩擦。很长一段时间里，西华派出所都承担着较大的维稳压力。

比如，西华群众喜欢喝酒，酒喝多了就容易闹事。王华章记得，2009年的一天夜里，两个村纠集了上百人，手持刀棍准备“开战”。民警们赶到现场时，闹事分子正在相互投掷石块，激烈冲突一触即发。在喊话无效的情况下，朱国茂果断对天鸣枪示警，有效地控制住了局面。

当地人都爱喝酒，朱国茂却是个例外。“从来没人见过他喝酒，但我知道他不是不会喝，而是不准自己喝。”王华章记得，朱国茂说过，警察是拿枪的人、开车的人，是整天头脑都要保持清醒的人——酒，不能沾！

从山东来海南投资的企业家李建雄，也深切怀念着朱国茂。他坦言，最初到西华农场时，对当地的治安环境有些不放心。但是，关于朱国茂的许多“传说”，不断传到他的耳朵里：“归纳起来就一句话——有他在，西华的治安有保障！”

刚到儋州时，有一天夜里，他从市区办事回来时，突然看到通往基地的路上有辆警车，“我心里一紧，是不是我的工地出事了?没想到，是朱所长专门交代民警，午夜巡逻的时候一定要到这边看看。如果治安方面有问题，可以随时联系他们。”

如果说这一席话是给李建雄服了一颗定心丸，那么日后他与朱国茂相处的点点滴滴，更是让他坚定了扎根海南干事创业的决心。

每次有农户和李建雄发生矛盾，朱国茂总是亲自过来调解。李建雄说，他从不因为李是外地人、自己是本地人而偏袒任何一方，而是实事求是、分辨是非，使双方利益需求都尽可能得到满足，“他曾说，一个地方的经济发展起来，让大家都有事做，很多治安问题就会迎刃而解。”

最令他感动的是，朱国茂曾介绍一位做竹子生意的年轻人与他认识，他以为此人必是朱家亲戚便予以了许多关照。直到一次闲聊才知，这位年轻人竟是朱国茂曾经亲手抓捕入狱的刑满释放人员。为了避免他出狱后无所事事甚至再入歧途，朱国茂才介绍他做了这桩营生。

海南日报：群众眼中的朱国茂：一件件小事，让我们看到了大节

“警察受累，老百姓就有平安”——一位基层警察的荣誉

发布时间：2017-09-07 10:58 星期四　　来源：新华社

新华社海口9月7日电 题：“警察受累，老百姓就有平安”——一位基层警察的荣誉

新华社记者吴茂辉

“看着那桌凉了又热、热了又凉的饭菜，我总觉得，他还会下班回来吃饭……”近日，在海南举行的朱国茂先进事迹多场报告会上，邱少英一次次流着泪，向人们诉说着关于丈夫的点点滴滴。渐渐地，她不得不接受一个事实——那个无论多么疲惫，只要回到家就会给她泡上一杯茶的丈夫，永远不会再回来了。

朱国茂，海南省儋州市公安局西华派出所原所长，2016年3月5日，朱国茂因过度劳累突发心肌梗塞，经抢救无效殉职，年仅51岁。

海南时代楷模，这是朱国茂最新被追授的荣誉。在此之前，他已被追授公安部“情满万家·派出所好民警”“海南省优秀共产党员”等荣誉称号，加上生前获得的3次三等功和32个荣誉，朱国茂的一生，是荣誉的一生。

朱国茂的荣誉，源自他与违法犯罪势力的无数次英勇斗争。他生前所在的西华农场，由于历史原因，社会矛盾一度异常尖锐。2006年至2008年期间，10000多人的辖区先后有17人被判刑。无论面对什么危险，朱国茂从未退缩。

朱国茂的荣誉，源自他几十年如一日的工作热情和严格自律。从警以来，朱国茂坚持每天写警情日记。28本笔记，百万余字，写出西华农场风云变幻的地方治安史，也写出朱国茂作为一个普通警察生命岁月的全部辉煌。

这些日记，不是单调的会议性记录，而是涵盖案件信息和情报记录、辖区贫困人群状况、派出所业务学习活动，甚至农业领域知识等多方面的内容。

“每天无论多晚多累他都要把当天的事情记录下来，经常大半夜的就朱所长的办公室亮着灯。”在朱国茂的同事、民警姚伟成看来，朱国茂靠着远超常人的严格自律，把28年的漫长书写变成生命中不可或缺的一种坚守。

2016年3月5日，在突发疾病去世前的几个小时，朱国茂留下了人生最后的字迹：“2016年3月5日，星期六，姚伟成、梁保强调查处理符某可、符某拜伤害案件。”

朱国茂的荣誉，源自他对人民群众满腔热忱和倾情付出。朱国茂去世后，上千群众自发前去送行，但他们并不知道，这个结婚26年的警察，还未曾有机会去兑现一个新婚时跟妻子许下的诺言——带她去三亚旅游一次。

新华社：“警察受累，老百姓就有平安”——一位基层警察的荣誉

尽管朱国茂常常“缺席”家里，但妻子邱少英始终默默地支持他的工作，从不埋怨……

“我爱他，也爱他身上的警服”

陈蔚林　宋洪涛　陈炜森

“结婚26年，我等他回家的时候多，我总想，等他忙完工作就回来了，没想到，他再也回不来了……”2016年3月6日，是儋州市公安局西华派出所原所长朱国茂遗孀邱少英刻骨铭心的日子。

那一天，她生命里最重要的人猝然离世，留给作为妻子的无尽哀痛，还有作为警嫂的无上荣光。过去的26年里，朱国茂用一个男人的肩膀，担负着她和孩子的生活，也担负着作为警察的责任。

邱少英说，那个常常凌晨两三点才回家，很少帮她拎菜篮子的男人，“更像是和一身警服成了家”。派出所离家不过一百多米路，步行只需两分多钟，可他按点回家吃饭的次数少之又少。儿子快出生时，朱国茂执行紧急任务，邱少英在医院住了三天院都没见着他人影，最后还是手术单上需要他签字时才找他同事帮忙找到他。

朱国茂“不管”家，不是一次两次。因秉公执法得罪不少人，曾有不法分子威胁要伤害他的妻子和儿子。邱少英央求了许久，他才同意把儿子送到外地读书。由于不能24小时在家，对于妻子的安全考虑，他把从部队退伍时带回来的背包绳拴在二楼阳台上，“要是有坏人来家里闹事，你就顺着这根绳子滑下楼跑开。”

尽管丈夫在家里长期“缺席”，但邱少英知道，丈夫是深爱家人的。

“每当在家泡好茶，他总要先倒给我。”想起往事，邱少英泪水直流，“平时，他会拉着我的手入睡，我任由他拉着，不敢动，怕惊醒了他，他工作太累了。我爱他，也爱他身上的警服。”

邱少英回忆，有一年，她大姐突发重疾，朱国茂打电话让邱少英赶过去时，还不忘提醒她把家里的现金和存折全部带上。最终，大姐没能抢救过来，回家的车子开到半路，平日里的硬汉朱国茂突然把车停在路边，在方向盘上放声大哭……

“他总说，警察就该多受累，警察受累，老百姓就有平安……这么多年里，我支持他工作，从不埋怨。每当我回到家，哪怕只是看到他换下的衣服，看到他日常用的东西，就算我煮好的饭菜热了又凉、凉了又热，心里也感到特别踏实。”邱少英说。

她原谅了他还没有好好道别就离开了，甚至没能给她和儿子留下一句遗言。今年 3 月，她代丈夫到北京参加全国公安系统“情满万家•公安派出所好民警”颁奖典礼，典礼结束后，她立刻拍下奖杯发在了微博上：“另一个世界的你，知道吗？”

她希望他能知道，她相信他会知道的。邱少英说：“那么多的亲友、同事来送他，他也一定能看得到。他始终相信，做人做事就是这样，你把真心掏给别人，就能换回别人的真情。”

（《海南日报》海口 8 月 25 日讯）

朱国茂是辖区群众的平安“守护神”，也是派出所民警们的好大哥。

铁血背后，有细腻和柔情

陈蔚林　　宋洪涛　　陈炜森

儋州市公安局西华派出所里的三角梅还开着，而亲手栽下它们的人——原所长朱国茂却再也无法给它们修剪枝丫了。

朱国茂从警以来，一直在西华派出所工作，这座不大的院子留下了许多他工作、生活过的痕迹，他的党章、奖杯、荣誉证书，以及一字一句写下的 28 本警情日记仿佛让人觉得他还没走。

20 多年前，朱国茂从武警部队退伍，被儋州市公安局西联分局借用，成为西华

派出所的一名协警。西华派出所退休民警郑钦生还记得，朱国茂第一次走进这里的模样：一个儋州小伙，矮小又瘦弱，文化程度不高，没上过警校，但是看起来很精干、能吃苦。

但就是这样一个“门外汉”，学习劲头比谁都要高——别人接到任务，他要跟着去；别人提审犯人，他也要跟着听；别人在案件勘查现场画了个箭头，他就握着纸笔边看边记：北针为点，这是绘制现场图的第一步……

过了几年，这个“门外汉”成长为派出所里的中坚力量。

派出所民警姚伟成回忆，2008 年的一个深夜，派出所接到报案称有人偷割胶水。朱国茂带着 40 余名民警第一时间赶到现场时，发现橡胶林里有成片的灯火闪烁，显然，这是一次大规模的有组织偷盗行为。

“因为实力悬殊，我们心里没底儿，可所长说，他们偷盗，心虚得很，狭路相逢勇者胜，先把带头人拿下！”姚伟成说，朱国茂带头冲了上去，一把将带头人按倒在地，一下子就令偷盗团伙“群龙无首”。

与这次深夜行动一样，每次出警遇到险情，朱国茂总是冲锋在前，舍生忘死。

有一次，有一群人非法聚集，把一桶桶烟花、礼炮侧倒放在地上，要和民警和联防队员对着干，扰乱社会秩序。尽管手持盾牌寸步不让，还是有民警受了伤。儋州市公安局八一分局副局长王将还记得，当时有人建议先撤退再作打算，被朱国茂严词拒绝："我们决不能对这种违法犯罪行为作出让步！他们越是嚣张，我们越要体现公安队伍的骨气和硬气！"

往事历历在目，朱国茂的同事们没有一个不感慨："这就是我心目中，一个警察应有的样子！"

什么是"一个警察应有的样子"，朱国茂用铁血，也用柔情写出了答案。

朱国茂家离派出所只隔着一条马路，而朱国茂在家里的时间远不如在所里长。长期以来，他没有"上班""下班"的概念，哪里有案情、何时出事故，他就立即赶往现场。

"派出所才是他的家。"直到现在，每次出警回来，副所长梁保强还是习惯性地往所长办公室看去，"以前我们哪怕半夜才收工，回来都能看到所长的办公室还亮着灯。我问他怎么不回家休息，他说，我们在外出警，他怎么睡得着？"

朱国茂是辖区群众的平安"守护神"，更是派出所民警的好大哥。

民警谭卫新说，他和另一位民警刘德仁是外地人，每当节假日轮到他们值班，朱国茂常常来到所里替他们执行值班任务，让他们回家与家人团聚；

司机李慧敏说，派出所里这几条红黄相间的小路，就是朱国茂闲时到工地捡来废弃边角料铺设的，他认为，一个派出所的环境，可以反映一支队伍的精神面貌；

原内勤人员许琼珠说，朱国茂记得所里每个民警的生日，到那天总不忘买个蛋糕给寿星庆生。每年年终，他还会安排一次民警家属座谈会，把民警的父母、子女都请到一起，感谢他们对派出所工作的支持。

那 28 本警情日记里，亦处处可见朱国茂对年轻民警的用心："姚伟成在值班登记的问题上，涉及责任问题。""陈亚明在笔录材料的问题上，句子不顺"……

斯人已逝，而榜样的力量依旧存在。

（《海南日报》海口 8 月 26 日讯）

他曾说，一个地方的经济发展起来，让大家都有事做，很多治安问题就会迎刃而解。

一件件小事，让我们看到了大节

陈蔚林　宋洪涛　陈炜森

追忆儋州市公安局西华派出所原副所长朱国茂，西华农场副场长王华章的语气，像是说起一位深交多年的老友："老朱去世前3天，我还和他开过一次会。听说他去世，我真不敢相信自己的耳朵！当匆忙赶到他家，看到许多群众在哭着吊唁，才真真正正地确认：朱国茂——这位一生守护西华农场的好警察，永远地离开了我们……"

西华农场常住人口超过一万，边界处交叉着许多新老村庄，由于地方习俗不同、历史遗留问题等，周边群众经常发生各种摩擦。很长一段时间里，西华派出所都承担着较大的维稳压力。

比如，西华群众喜欢喝酒，酒喝多了就容易闹事。王华章记得，2009年的一天夜里，两个村纠集了上百人，手持刀棍准备"开战"。民警们赶到现场时，闹事分子正在相互投掷石块，激烈冲突一触即发。在喊话无效的情况下，朱国茂果断对天鸣枪示警，有效地控制住了局面。

当地人都爱喝酒，朱国茂却是个例外。“从来没人见过他喝酒，但我知道他不是不会喝，而是不准自己喝。”王华章记得，朱国茂说过，警察是拿枪的人、开车的人，是整天头脑都要保持清醒的人——酒，不能沾！

从山东来海南投资的企业家季建潍，也深切怀念着朱国茂。他坦言，最初到西华农场时，对当地的治安环境有些不放心。但是，关于朱国茂的许多“传说”，不断传到他的耳朵里：“归纳起来就一句话——有他在，西华的治安有保障！”

“刚到儋州时，有一天夜里，我从市区办事回来，突然看到通往基地的路上有辆警车，我心里一紧，是不是我的工地出事了？没想到，是朱所长专门交代民警，午夜巡逻的时候一定要到这边看看。如果治安方面有问题，可以随时联系他们。”

如果说这件事给季建潍服了一颗定心丸，那么日后他与朱国茂相处的点点滴滴，更是让他坚定了扎根海南干事创业的决心。

每次有农户和季建潍发生矛盾，朱国茂总是亲自过来调解。季建潍说，他从不因为季是外地人、自己是本地人而偏袒任何一方，而是实事求是、分辨是非，使双方利益需求都尽可能得到满足，“他曾说，一个地方的经济发展起来，让大家都有事做，很多治安问题就会迎刃而解。”

最令季建潍感动的是，朱国茂曾介绍一位做竹子生意的年轻人与他认识，他以为此人必是朱家亲戚便予以许多关照。直到一次闲聊才知，这位年轻人竟是朱国茂曾经亲手抓捕入狱的刑满释放人员。为了避免他出狱后无所事事甚至再入歧途，朱国茂才介绍他做了这桩营生。

“年轻人跟我说，朱所长就是他没有血缘关系的父亲。朱所长生前，他就去祭扫过朱家的祖坟，现在朱所长去世了，他每年清明都要去给朱所长扫墓……这是一段什么样的感情啊！”季建潍告诉记者，之所以要讲述这些小事，是因为从小事能看到大节，“朱所长的去世，让我们深感痛心与惋惜。我不知道该怎样表达我内心对他的怀念、对他的敬佩、对他的感激……”

（《海南日报》海口 8 月 27 日讯）

好民警关键词

【关键词】临危不惧

讲述人：儋州市公安局八一分局副局长王将

2006 年至 2008 年期间，因退场风波引发的群体性冲突近百起，一万多人的辖区先后有 17 人被判刑，治安拘留近百人。但无论面对什么样的危险，朱国茂从未退缩。

2008 年 1 月的一天，来自 11 个村庄的 200 多人“浩浩荡荡”聚集在西华农场场部，扬言要攻打场部办公楼。与往常一样，这一次朱国茂也是提前得到消息，并带领全副武装的派出所民警及农场联防队队员 20 多人在路口设卡。闹事队伍到达后，在 20 米左右的距离，将事先准备好的数十桶烟花礼炮放倒，对着朱国茂一伙人就是一顿“轰炸”。

民警和联防队员们手持盾牌顶着“炮火”寸步不让。然而，由于双方力量悬殊，一名民警还是受了重伤。面对人数数倍于己的局面，有人向朱国茂建议不要硬顶，“要不然就先撤”。“我们决不能对这种违法犯罪行为作出让步，越是这样，越要体现我们公安队伍的骨气和硬气！”朱国茂大声回应。

闹事者中有人认出了朱国茂，高喊：“他就是所长，炸他，炸他！”然而就在此时，只见朱国茂把手中盾牌交给了其他人，只身径直向对面走去。看到这情景，闹事人群也都怔住了：他真不要命了？

仿佛是被朱国茂的举动吓到了，“炮火”终于消停下来。朱国茂走到闹事人群中，高声问道：“你们谁说得上话？出来跟我谈谈，这么闹不是个……”话音未落，朱国茂右肩一阵剧痛，一根铁棒不知从哪儿抡了过来。说时迟那时快，朱国茂凭借自己的机警迅速揪出那人，将其反制并压在地上："你敢袭警！我让你到哪也跑不了！"

其他民警和联防队员见状，不顾一切也冲上前去，将那人紧紧扣住。眼看这边如此强硬，闹事人群终于逐步散去，最终避免了一场更大的暴力事件的发生。儋州市公安局八一分局副局长王将当时还是个警界新兵，亲历现场的他深深被朱国茂的壮举所震撼："这就是我心目中一个警察的样子！"

【关键词】英勇无畏

讲述人：儋州市公安局西华派出所民警符华因

2006年8月1日参加保安大队，是朱所长手下的队员，在朱所长的身上，我们学到了要像他一样勇敢、无所畏惧，学会了如何处置应急事件。2008年的一天，凌晨2点有人带队到我们负责的农场偷胶，对方两百多人，而我们才40多人，远远看看上去他们在橡胶林中像一大片萤火虫似的在活动，我们当时有点害怕，但朱所长鼓励我们不要害怕，"双军交战，勇者必胜"并把我们的队伍拉到中间去，并交代我们要把带头人控制住，有利于我们控制场面，话音刚落，他就第一个冲上前把带头人抓捕下来，在他身上我们学到很多公安工作经验，如何很好的处置应急事件，虽然他现在去世了，但他的勇敢认真负责的公安精神一直激励着我们。

【关键词】执法如山　严打犯罪
关心民警　注重细节

讲述人：儋州市公安局西华派出所民警姚伟成

我与所长在 1986 年就认识了，1992 年我加入公安队伍，当时我做户籍工作，我见证了他一步步从民警、副所长、教导员做到所长，用一句话概括就是他“以警为荣”。所长鼓励我坚持做外事民警，派出所搬迁几次，他对派出所的建设很上心，把派出所当成自己的家，在办公室的时间比在家多，大小事务都在办公室处理。

他热情为民、以民为心，经常帮助群众、服务群众，对退休老人信息有误的及时核对。他创新方式，对群众的求助从不拒绝，让许多职工能够及时更正信息顺利办理退休。他“执法如山，刚正不阿”，从 2003 年开始与他一起办案，他手把手教我，谆谆教导，2011

年时农场出现黑势力，在所长指挥下抓获 10 人，严厉打击恶势力震慑犯罪，保护人民的财产生活，确保人民生活安定。以前晚上我们经常出警，但打击恶势力后治安就安定了，有这样的领导我们很放心、很乐意，我们一定要继承朱国茂的遗愿，做好派出所工作。

朱国茂对原则的坚守近乎苛责，但说他不近人情并不恰当，恰恰相反，他也是性情中人。派出所每一位民警的生日朱国茂都记得，还会准备蛋糕让大家在一起庆祝；所里一位退休民警的父亲生了病，朱国茂

组织大伙去探望慰问；谭卫新和民警刘德仁家不在当地，每当节假日轮到他们值班时，朱国茂就对他们说：“你们家不在这里，回去和家人聚聚吧，我来值班。”

西华派出所不大的院子里，指甲花、鸡冠花等各种花草和绿化树正茁壮成长，地面几条小路铺上了砖，颜色红黄不一，图案形态各异。“花草是朱所种植和修剪的，小路是朱所去工地捡别人不要的边角料来铺的。”姚伟成说，“这是一个还挺讲究情调的工作狂。”

【关键词】埋头工作　不计回报
参与公益　奉献爱心

讲述人：西华农场副场长王华章

我与朱国茂所长共事20多年，在2010年，有一次，看到一位80多岁的琼崖中队老红军符彩叫老人拿着一只鸡在派出所附近面露难色。我上前询问才知道原来是她想把鸡送给所长，却被朱所长拒绝了。我前往朱所长办公室了解情况。朱所长说，阿婆以前在宅基地方面遇到一些纠纷，他帮助老人解决了这些问题，了却这家人的心病，所以阿婆想送鸡表示感谢。从这件小事就可以看出朱国茂所长不计回报热心帮助群众的优秀品质。

2011年8月30日，朱国茂儿子朱志翔考上了三亚学院，当时我的孩子也要上大学，刚好碰到他，他自己没有车，也不用单位公车去送孩子，而是借了亲戚的车，最后他自己也没去，因为没有时间。我责问他，孩子上学这么大的事情为什么不抽出点时间，他却说工作要紧抽不出时间，最后还是我送孩子到学校后，又带着朱志翔忙前忙后办理报名手续的。

农场近几年每年都有献血的活动，我负责组织这项工作，献血之前我提前告知朱所长，他就发动全体民警参与活动。2012年12月27，朱所长带领全所民警、协警前去献血，并且动员自己的爱人也参与献血。朱所长带头献血400ml，之后在2013年5月23日、2014年6月30日同样献血400ml，在这些点滴中体现了他的爱心。

【关键词】工作为先
关心爱护民警
关心失足青年

讲述人：儋州市公安局西华派出所原内勤许琼珠

我的老所长其实并不老，按现代人的说法正是风华正茂、魅力无限的时候，却突然离开了我们，任谁

都不相信他就这样倒在了他自己心爱的岗位上。

每年的正月十六正是我夫家白马井镇一年一度拜游神和舞龙的日子，几乎在外的游子和周边乡镇的人们都会携三五好友一起过来玩。每到这个时候，儋州市公安局都要派大量的警力去做安全保卫工作，而我们西华派出所因地理位置比较近，因此每年的安保任务是必不可少的。当天的人流量大，年轻人喝酒后喜欢出风头，常常会为了一点小事而大打出手，搞不好就会引发群殴，安保任务就会变得异常繁重，所以自从他任所长后，每年的白马井安保带队的都少不了他。尽管社会警卫任务重，所里工作忙，他每年都会给我放假让我回夫家过节。而每年我都想请他到我家吃餐饭、喝顿酒，但总是请不动，因为他总说走不开。

我会开车还是朱所长教的，他一直在鼓励我要不断学习新技能。因为我是内勤，几乎每周都会到市局报送材料，每次不是搭公共汽车就是司机接送，很不方便。所长总是劝我去学习驾照，他说今后驾车是生活的一项最基本的技能，学会了对自己的生活和工作都很方便。我一直犹豫不决，因为按当时的生活条件，拥有汽车是件很遥远的事，所以一直没什么动力去学习。但是在他的不断鼓励下，我拿到了驾驶证。虽然拿了证，但我仍然不敢实际操作，是他一有机会就让我开车，并在操作中不断告诉我处理突发事情的技巧。我记得第一次开车是和所长从市局回家，到家后我很开心地告诉他爱人说，“嫂子，我总算将你老公安全送回来了！”

每个人都会有脾气，我也不例外，特别是到了年终，各种报表、各种总结弄得我心急火燎的，很容易上火。有一回，正是我忙得头昏脑涨的时候，所长吩咐我去给他买一盒回形针，我一下子脾气就爆发了，口不择言地就开骂：“我又不是你的私人丫环，什么事都叫我！”说完扭头又干活去了。后来我冷静下来，发现自己说错话了，赶紧去买了一盒回形针给他送去，只见他自己已经买了一盒，而且没有一丝责怪我的意思。我内心一直都很不安，但他就像一位大哥哥一样包容着我的任性和火爆脾气。

在我们所，他记得每位民警的生日，每次到哪位民警生日了，他就会嘱咐我订一个蛋糕，买上一箱饮料、一些水果，晚上大家一起到民警家里坐坐、聊聊天。但是他却从没提起过他自己的生日。

每年年终无论经费多紧张，他都会安排一次民警家属座谈会，上至民警的父母，下至孙子孙女都请到场，大家一起叙叙家常、嗑嗑瓜子、吃吃糖，开开心心地欢聚一场。在座谈会上他会给家属们通报全年辖区的治安情况，其，间会穿插一些工作中出现的笑话，常常引得大家哄堂大笑，大家就在说笑中了解了我们公安工作的艰辛和不易。

所长的家是我们单身民警的第二饭堂。我们出警常常会错过饭点，无论何时到他家去，嫂子总能给我们来碗好吃的，有时不仅吃了，还能打包呢。所长的家也是我们派出所民警和女眷的茶室，每天晚饭后他的家就聚了满满一屋子人，喝茶聊天做小吃。就连民警的小孩也喜欢到他家去，因为嫂子的手艺好，变着花样做小吃。我们家的俩孩子一听说警察朱伯伯走了，立马哽咽，说不出话来，难过得难以言表。在他们的童年记忆里，警察朱伯伯家是个快乐的地方，那里除了有很多好玩的小动物——雪白的鹅、会说话的八哥、会听话的乌龟、美丽的芦花鸡，还有许多好吃的水果、小吃，最重要的还有可亲的警察朱伯伯。

在朱所长牺牲后，我们才知道他还有一个自己认上门的“儿子”，王某鑫在西华可是远近闻名的人物，他从小失去父母，缺少关爱，在小孩们的群里是坏孩子的头头，小偷小摸、打架、坏事干不断，成了派出所的常客。不知道从什么时候开始，我发现他变了，变得有礼貌，举止也得体了许多。后来听说他找到工作了，并且干得很好。再后来听说他还娶了媳妇。他的转变是与朱所长在背后给他关爱和支持分不开的。朱所长不仅给他资助，还帮他找工作。这些事都是所长去世后，王某鑫赶来送葬哭诉后，大家才知道的。也许我们并不了解所长还默默地做了什么，但我们只知道有他在，派出所就像一个家。在这个家里，每天大家都努力工作，开心生活，为了辖区的稳定和群众安定，大家拧成一股绳，劲往一处使。

【关键词】关心困难群众　爱护群众

讲述人：西华农场群众符春学

以前我和朱国茂都是属于红灯地区的，1992 年时我们便认识，我家里兄弟多，家庭困难，我一个星期只有 5 块钱生活费、5 斤米，经常吃不饱。有一个周五，中午放学后，我看到农场招待所的门开着，就溜进去招待所吃人家剩下的饭菜，结果被工作人员发现，要抓我去派出所。朱国茂细问我原因，我告诉他是因为家里经济困难，然后他也就没有追究我的责任，还让招待所的人给我打包一些饭菜回去。

20 世纪 90 年代农场闹退场，农村经济又不好，我家里穷就去偷人家的树，结果第二次被抓到。朱国茂当时又替我讲情，并教导我要学一门手艺，干点工作挣钱。2004年后，经常有人偷胶卖胶，我叔婶捡了一些胶皮被发现

了，要罚钱，我跑去找朱所长讲情。朱所长觉得那么多胶皮需要捡，如果发动起来可以解决不少人就业问题，就和农场联系，找到10多个人组成捡胶皮的队伍。这些人都是家庭困难的、小孩多的，一个人一天40元，对不少人来说简直是雪中送炭。

2005年，台风达维来了，农场断电。朱国茂所长让我们把路开通。他还帮不少人解决户口问题，原农场没有户口的不能读书，找到朱所长办好，现在有的人都上大学考上公安了。朱所长一直用他的善心一步步带领我们走向新生活，在他去世的那天早上，我知道这一噩耗后已经讲不出话了……

【关键词】关心爱护失足青年

讲述人：儋州市西培农场西华分厂王明鑫

我是一名刑满释放人员，朱所长生前对我很关心，是他让我有了新的生活，有了不同的人生。

2014年9月20日，我刚被释放出来的第二天，骑车路过朱所长家门口，他就把我拦下来，告诉我以后有什么事情就来找他，希望我以后能够重新生活。我当时半信半疑。后又有一次又遇到他，他又说了同样的话，希望我能和他敞开心扉，去派出所喝喝茶聊聊天儿。当晚我想了好久，第二天抱着试试的心态去找他，他就教导我，让我趁着年轻做点事情，不要等老了才后悔。我当时就说，自己没有什么技术，也不知道自己能做什么。朱所长当场就说："把一块砖从这个地方搬到另一个地方你会吗？很多事情只要有心，就没有那么难。"后来，他了解到收购竹子可以挣钱。我就跑到村子里实地考察，发现竹子在当地收购比较便宜，卖到另一个农场可以赚到五毛钱差价，我心里顿时感觉看到了希望，从此顺利做成买卖竹子的生意。他知道后也很开心，告诉我今后有什么事在家里找不到他就去所里找。他真心尊重我、教导我，让我重新认识了自己，我从心里感激他。

【关键词】做人第一

讲述人：朱国茂的儿子朱志翔

我对我父亲工作上的事不太了解，因为他从来不把工作上的事带到生活中，也不会把工作上的压力和情绪带到家庭。平时生活中他和我聊得最多的是怎么做人，当时我还不是很明白，上初中的第一天他就和我谈道，学习可以放到第二，做人一定要放到第一。到现在我才慢慢理解，做人才是最难的事，他既要照顾家庭，又要努力工作，有时候挺为难的。上大学后有时晚上聊天，才体会到他的难处，他自认对老妈，对家庭亏欠得太多，每年大年三十他都是在派出所值班到大半夜才回家。

“派出所离我家只有300米左右，但是我爸很少在家，大多数时间都在派出所，他回到家的时候几乎都是深夜，我很少见到他。”朱志翔回忆父亲的时候，泪水在眼眶里打转儿。

“我爸还是很关心我的，2007年，西华农场闹退场风波，社会治安比较复杂，当时我在西华农场读书，我爸是西华派出所所长，因此我受到了威胁。当时我爸工作特别忙，他就委托朋友送我到儋州市那大镇东坡学校读书，确保我的安全。”

日记书写忠诚

化解矛盾

开会地点：派出所

开会日期：2012.12.26 下午

出 席 者：全体民警、协警人员

主　　持：朱国茂

1. 小结前一段时间的工作

（1）落实年终的各项迎检工作

（2）护林保百日竞赛的检查

（3）执法质量的检查

（4）等级所的迎检工作

（5）办公楼的搬迁工作

2. 传达会议精神

（1）12 月 24 日下午市局召开元旦和省两会的安保工作会议

（2）赌博问题

（3）12 月 17 日下午公安部召开视会议

排除隐患，化解矛盾

惩治犯罪各季行动，电视电话会议。

3. 下一步的主要工作

（1）确保节日和两会期间安全

（2）对辖区的赌博问题

（3）矛盾排查，化解消除矛盾隐患

（4）等级所的迎检工作

（5）“庸懒散贪”、5条禁令、4项警令

（6）新的诉讼法、执行，在执法问题上要加强学习

群众事无小事

时　　间：2002.12.2

地　　点：西华派出所会议室

主 持 人：苏焕南

参加人员：派出所全体民警

内　　容：专题性的所务会议

一、人口管理

1. 重点年龄段的各警务区，要到内勤造表

2. 暂住人员档案

3. 出租屋的档案，年度检查表

4. 重口管理，年度谈话笔录

5. 检查之前我们刑事案件是自破的要到刑警队证明

二、治安管理

1. 易爆物品的管理（手续齐全）

2. 重点部位的管理，方位图（陈亚明负责）

3. 安全防范：

（每人都写出各自的授课材料，特别是法制

内容）每半年进行一次对全场治安情况（苏焕南负责）重点单位人防、技防和安全防范，全场创安（苏焕南负责）

4. 执法：伤情鉴定（陈亚明负责）

5. 窗口服务：服务指南

6. 队伍建设

7. 意见箱：警务室的建议、警务区的情况

8. 健身房

9. 装备室，要把这些装备保管好

10. 民事调解室

11. 留置室

12. 审讯室

13. 财物保管室

林副场长：

1. 今后一段时期一有事情大家一定开会讨论

2. 薛某某准备集中上访，用自运车。农场的稳定工作，各警区的民警一定要注意

3. 小苗林段一律不准烧火，民警一定要到场，鉴定后才准许点火

4. 保胶护林这项工作一定要抓好

5. 护蔗问题：共5万吨甘蔗，余下的由派出所和执作站处理

朱国茂：

1. 甘蔗砍运工作问题、防火问题

2. 护林保护工作

3. 工作协调问题

姚伟成：

1. 资料没有反馈回来

2. 整顿学校这方面内容没有

3. 创安方面

4. 今后的工作，做了工作后如何从资料上体现出来，须研究

部署安保

会议名称：例会

开会地点：西华派出所会议室

开会时间：2014.10.27 上午

出 席 者：全体民警、协警

1. 小结上周的工作情况

2.18 届 4 中全会的安保防范问题

3. 组织业务学习

4. 组织户口、核销工作

5. 等级派出所迎检

本周的主要工作：

1. 自行车赛的安保工作

2. 等级派出所的各项迎检、准备工作

3. 办理手头上的治安及刑事案件

研究案件

开会地点： 西华派出所会议室

开会时间： 2014.10.27 晚

出 席 者： 郑朝辉局长、两个分局民警

主　　持： 蔡如云局长

郑朝辉局长：

介绍八一抢劫案件，近期十多宗抢劫案件，根据介绍，有与八一案并案的可能

蔡如云局长：

1. 指认现场

2. 进行辨认

3. 组织审问

4. 审问主要问题

2014.10.27. 下午李树侬、黎大辉抢劫，被保安当场抓获。扣一辆摩托车（红色五羊本田），被抢 200 多块钱，一条银项链，被抢人张明强。

郑局长：

1. 抢劫团伙有 7-8 人，为首的是黎某某

2. 八一地区的抢劫，先分组、朱方毅、王将一组，李永欢一组，材料八一分局。

3. 注意安全

蔡如云局长：

1. 两个审讯组必须了解案件情况。锁定案件

的地点、时间，现场的问题明天由吴照国负责

2. 今天下午案件，报拘留

保护安全生产

开会地点：西华分场会议室

主　　持：伍少龙

开会日期：2014 年 9 月 16 日上午 8 点 30 分

出 席 者：分场领导、公司作业区主要领导

伍少龙（分厂长）：

1. 各种排查、主要是人员安全

2.2 个点：场部 10 人，红岛 10 人。会后陈成武，王华章到河的东北面

3. 危房，吴再坤负责场部周边危房的转移，各队由分场干部负责。谭光明到 21.9 队，陆…到 26 队。场部这边的由王华章负责。在风未停不能上林段

4. 信息上报，除橡胶树外，其他的损失由农场统计

万主任：

1. 公司保安分两个组，分场同意安排指挥。要求生产队的干部每一小时手机报信息。

2. 排查危房，104 房 .403 人的危房。

陈成武：

1. 值班的干部一定要到位

第六篇
文学·故事

你说，选择做警察，就要无愧于伟大的时代，无愧于母亲祖国，无愧头顶上金光灿灿的警徽，无愧于在世上走过一遭的你。

你说，你头顶国徽，代表政府，心中就要装着人民，你要用生命的全部，践行警徽之前的煌煌誓言。

你说，自己普通得如一棵小草，普通得如一粒细沙，但就是这一棵棵小草，染绿了一片土地映红了一束鲜花，就是这一粒粒细沙支撑起美好新海南平安的大厦。

百万字日记彰显为民情怀

——追记海南省儋州市西华派出所所长朱国茂

金　敏　吴茂辉

百万字的“警情日记”，记录辖区由大乱到大治；言传身教身体力行，栽培干警守护一方平安；以所为家与生命赛跑，彰显从警人生的为民本色……

海南省儋州市公安局西联分局西华派出所所长朱国茂从警28年，2016年3月6日因公殉职后，当地数以千计的干部群众，以各种简朴的方式表达着对这位51岁英年早逝的平安“守护神”的缅怀之情。

在朱国茂的葬礼上，他的灵柩旁摆放着一支竹制水烟筒，那是他生前放在办公室里的最爱。“农民不喝茶，来到朱所的办公室，你一口我一口，抽着浓烈的水烟，就什么话都好说了。”教导员谭卫新说。

“警情日记”，再现辖区从“大乱到大治”

“7月4日晚，符某龙告诫……已准备粉枪、火药、汽油炸弹、弓箭、刀、铁棍……如抓走人，就攻击派出所，已经和西庆、西培、八一、红灯联合，如果有事，一定和农场对抗到底。”

十年前，当朱国茂写下这些日记时，一场因特殊历史原因引发的震惊国内外的私抢国有橡胶、冲击农场场部的流血冲突在海南农垦已经持续数月，60 多个村庄、数万农民卷入其中，政府出动特警、公安近万人，维稳行动达 1 年多。

朱国茂所在的西华派出所地处风波漩涡中。2006

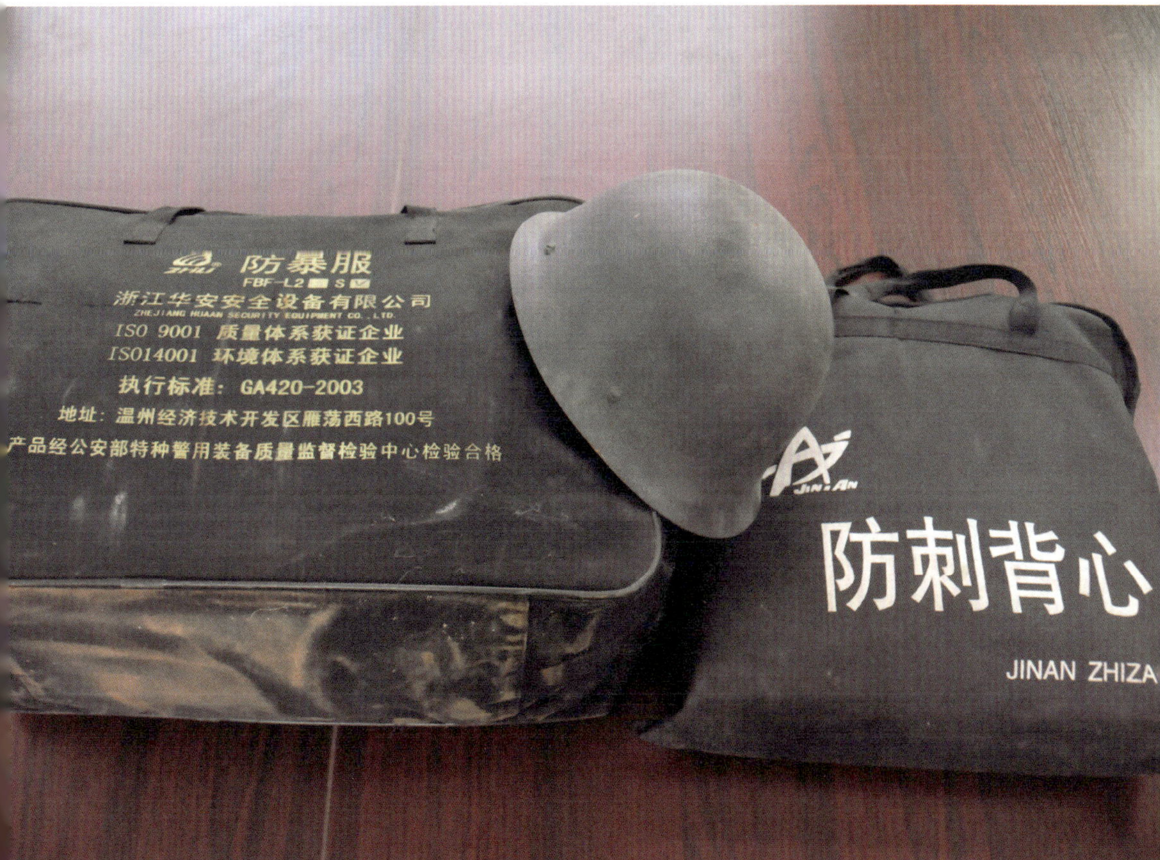

年 7 月 20 日，为“救出”当天被朱国茂亲手抓捕的闹事骨干分子符某芳，500 余人先是围攻西华农场场部，随后又涌向西华派出所，扬言要“捉拿”朱国茂。

朱国茂提前掌握了闹事群众的动态，并将符某芳押送至上级公安机关。“有人不断往派出所铁门里面投掷石块，但是朱所临危不惧，镇定地将情况向上级汇报。”时任西华农场联防队队长的王华章当时与朱国茂同在现场，目睹了朱国茂沉着应战的情形。王华章回忆，当时紧张局势持续了一天一夜，直到武警到场增援，收缴了相关人员的刀械，事态才暂时平息下来。

2006 年至 2008 年期间，因退场风波引发的群体性冲突近百起，一万多人的辖区先后有 17 人被判刑，治安拘留近百人。但无论面对什么样的危险，朱国茂从未退缩。

朱国茂的勇气源于他对警察事业的热爱与忠诚。1988 年，23 岁的他从部队退伍后参加公安工作。尽管最初只是一名协警，但通过努力，他很快成为一名正式警察，先后在西华派出所担任民警、副所长、教导员、所长等职，其学历从参加工作时的初中水平，一路自学到中国人民公安大学大专毕业。

从 2004 年担任所长开始，朱国茂坚持每天写“警情日记”。28 本笔记叠起来有半米多高，百万余字，记录着12年来西华农场的治与乱。“退场风波”持续的那些年，正是朱国茂28年从警生涯中最为惊心动魄的篇章。

而在非常时期之外，朱国茂更是尽职尽责。为了维护辖区社会稳定，针对一些社会青年没有工作的现状，朱国茂为此专门到广东帮忙联系，先后解决多批共40多人的就业问题；因寻衅滋事等多项罪名被判刑的农场孤儿王某鑫刑满释放后，朱国茂主动上门与其谈心，并帮他找了一份工作……

“忠诚警察使命，朱所最大的本领在于和群众始终保持密切联系，他在每一个片区都有真心帮助他的人，每当有任何情况，他都仔细记录并作出提前预判。”原西华农场联防队队长王华章说。如今，西华农场政通人和，密密麻麻的橡胶林里，再也看不到昔日动荡的痕迹。

言传身教，编织警察成长“摇篮”

“姚伟成在值班登记的问题上，涉及责任问题。陈亚明在笔录材料的问题上，句子不顺。”这是朱国茂记于2004年8月6日的日记，字里行间体现着他的专业和细心。担任所长以来，朱国茂坚持每周花半天时间在所里开展业务学习，如模拟做笔录、现场绘图等，派出所的业务学习活动蔚然成风。

多年来，西华派出所只有六七名民警，但经过朱国茂的精心指导和培养，每个人都能独当一面，并陆续走上本所领导岗位或调往其他所担任教导员、副所长等领导职务。陈亚明、姚伟成、许琼珠、朱方毅、梁保强……尽管多数人年龄比朱国茂还大几岁，但他们都把朱国茂当做老师。“如果不是朱所的鼓励，我做刑侦工作做不到今天。”58 岁的姚伟成说。

打造“平安堡垒”，西华派出所在获评人民满意派出所、公安保卫先进集体、集体三等功等几十个荣誉之外，还在 2004 年至 2015 年连续 11 年被评为二级公安派出所。“西华所的案件，他们自己都拿得下，分局很少下来。”儋州市公安局西联分局副局长韦寿柏说。

在警务出勤中，朱国茂总是身先士卒、率先垂范，尤其是有紧急情况和危险任务，朱国茂总是抢着亲自出警。教导员谭卫新回忆朱所长经常对他说的一句话是“你管生活，我管打仗！”

2009 年 6 月 7 日深夜，西华农场红灯下队和大成镇学基村两个村的青年四五十人手持刀棍准备闹事。黑暗中，在面对闹事分子不断投掷石块，喊话无效的情况下，朱国茂连鸣三枪示警，才止住了冲突。“第二天朱国茂时不时用手摸着耳朵，一问才知道是昨夜子弹壳弹到了他的耳朵。”原西华农场场长伍少龙回忆说，“但他很平静，只说‘没事，没事’”。

经朱国茂调解的各种民事纠纷达500多起，无一因调解不当而导致矛盾激发或引发犯罪。朱国茂不仅让西华地区因退场风波诱发的不稳定局面得以极大扭转，也让他身边的同事潜移默化。

“以所为家”，用生命呵护一方平安

在西华派出所不大的院子里，槟榔树散发出沁人心脾的花香，火红的三角梅绽放，激荡着青春与热血。

“只要不出警和开会，无论有事没事他都待在办公室，就算回家也只是匆匆吃个饭。”副所长梁保强回忆说，“真是把派出所当家了。”一次，有人到农场中学闹事，朱国茂指令梁保强带队处理。梁保强处理完警情回到派出所时已是凌晨2点多钟，见所长还在办公室，便问怎么还不回去休息，朱国茂回答说：“你们不回来，我咋睡得着。”

朱国茂的儿子刚刚大学毕业，还没找到工作，但朱国茂没有利用自己的职务关系为其图取便利；朱国茂侄子吸毒时，他先后两次亲自抓捕，面对嫂子的求情绝不徇私，采取强制措施让侄子戒毒……

在小家与大家的取舍中，朱国茂始终亏欠着家人。“退场风波”闹得最厉害的时候，曾有不法分子威胁他的家人。朱国茂只好将从部队退伍时带回来的背包绳绑在二楼阳台栏杆那里，告诉妻子说：“如果有情况，前门出不去，你就用这根绳子吊下去。”

木棠镇春节调声活动安保、白马井镇元宵活动安保、辖区“净土行动”春节会战……在生命最后的一

个月里，朱国茂忙碌的脚步从未停歇。每天起早贪黑的劳碌，终于让这个年仅51岁的警察在与生命的赛跑中输了“比赛”。

胸闷、冒冷汗、手脚发软，重感冒持续数日之后，3月6日凌晨3时许，突发心肌梗塞剧烈的疼痛感终于疯狂袭来。朱国茂给派出所的司机打电话送自己去医院，并坚持从派出所办公楼二楼走下来……然而，仅仅一个多小时后，经西华农场医院抢救无效，朱国茂壮烈殉职。

“2016.3.5，星期六，姚伟成、梁保强调查处理符某可、符某拜伤害案件。”朱国茂的“警情日记”写到了生命的最后时刻。

（新华社2017年1月4日海口电）

时代的楷模 特区的脊梁
——海南时代楷模朱国茂

海南广播电视总台新闻频道《说法》栏目致敬

【主持人】说案情故事，解法理人情。观众朋友大家好，欢迎您准时收看每天19点20分播出的《说法》。2017年9月6号，海南省委宣传部追授了一位民警“海南时代楷模”的称号，他叫朱国茂，是儋州市公安局西华派出所的一名普通的人民警察，2016年3月6号凌晨，他突发心肌梗塞因公殉职，年仅51岁。一位普通的基层人民警察，究竟做了什么，能够被人们这样铭记呢?

警情日记铭刻忠诚 二十八载坚守

【解说】位于海南儋州中部的西华农场创建于上世纪50年代，作为西华地区唯一的派出所，儋州市公安局西华派出所守护着辖区内一万五千多名群众和数万亩土地的平安。1988 年朱国茂从部队退伍后，进入西华派出所，由此开始了他的公安生涯。2004 年，朱国茂升任西华派出所所长。朱国茂有每天写日记的习惯，从警 28 年，他写满了 28 个笔记本，然而，这百万余字的日记里没有一句说到他自己，全是辖区内发生的大小警情。从群众的家庭矛盾，到案件的办理情况，警情日记上记录的内容细碎却并不简单，它既是西华地区 28 年来的治安史，也是一名人民警察的成长史。翻开这本 2006 年的警情日记，4 月 25 日，朱国茂记下了发生在农场的一次“大事件”。受历史遗留等原因影响，2006 年至 2008 年间，西华农场曾因部分村民要求“退场”引发群体性事件。这天，数百人拿着刀棍聚集在场部办公楼下，而可供应对的警力只有二十几人。闹事村民的情绪越来越激动，甚至开始打砸办公楼的玻璃窗。情势紧急，如果再不采取果断措施，场面随时可能失控。

【同期】王华章　西华农场副场长

他就带头马上指挥大家上，当时一个副所长也鸣了枪。

【解说】三声枪响镇住了情绪过激的群众，朱国茂立即下令处置带头的闹事者，事态随即被控制。不管面对多么难以处置的“大场面”，朱国茂永远是冲在最前、挺得最硬的那一个。在现场处置过程中，有人将烟花礼炮当作“武器”，点燃射向手持盾牌的民警。可烟花射出的烟雾还未散尽，朱国茂就作出了一个出乎所有人意料的举动。

【同期】王华章　西华农场副场长

他把盾牌扔下，就向闹事分子面前冲过去了。（朱国茂说）“你们谁说得上话你们出来谈嘛，有什么事可以解决。”有闹事分子想不通，其中一个拿铁棍一甩，一下就甩到他（朱国茂）身上，他顾不上（痛）一转身就揪住了那个闹事分子。

【解说】决不能对违法犯罪行为作出让步，决不能丢了公安队伍的骨气和硬气。朱国茂言必行、行必果。在2006年到2008年期间，西华派出所先后参与处置多起群体性事件，违法犯罪人员中17人被判刑，近百人被治安拘留。对少数不法分子进行严厉打击，而对不明真相的群众，朱国茂则和民警们一起耐心地做说服教育工作，最终使这场大规模的群体性事件得以顺利平息。

【解说】西华地区的老百姓喜欢喝酒，即使不是逢年过节，平日里也免不了喝上几杯。也正因为这样，酒后冲动闹事斗殴的情况在西华时有发生。日积月累，朱国茂成了西华地区的“第一救火员”。

【同期】谢某　西华农场群众

有什么事，一个电话响，他就会第一个到现场。有时候情况紧急，他连警服都没空穿就去了。

【解说】2011年，谢某盘下了西华场部的一个小超市，上家说其实店里生意不错，就是总有些社会青年酒后故意闹事，舞刀弄棍的，他一个外地人怕被报复不敢报警，只好转让。

【同期】谢某　西华农场群众

他们当时开这个店也被砍了好多次。看他是外地人，觉得他不能做什么，便拉拉杂杂的有十来个（社会青年）过来闹事。

【解说】谢某接手后，来闹事的人依然如故，但他选择了向派出所报警。一旦接警，朱国茂必定马上派人或亲自到场处置。经过缜密的侦查和部署，2014年，西华派出所一举端掉了这个当地群众深恶痛绝的犯罪团伙。

【同期】谢某　西华农场群众

自从那个团伙被打掉，后面都没有（闹事的人）了。现在治安多好。

【解说】在朱国茂生命的最后3年里，西华派出所侦破各类刑事案件23宗，查处治安案件136起。在很多群众的心目中，朱国茂是犯罪分子的“克星”。

只要有他在，大家都有安全感。

【解说】姚伟成 1992 年进入西华派出所工作，从警 25 年，是朱国茂十分信任的得力干将。

【同期】姚伟成　西华派出所民警

我们进来的时候啥也不会。我们都到他家里面跟他学、跟他聊天，因为他接触（人）多，毕竟他来的时间长，他就介绍给我们，再以讲故事的形式，讲解一些侦查破案的方式。

【解说】当时朱国茂已经是所里颇有经验的老民警，对他们这些新人总是知无不言，倾囊相授。当上所长后，朱国茂也把这套传帮带的传统延续了下去。

【同期】姚伟成　西华派出所民警

（新人）进来以后，来报到以后，朱所长就带他们过来，说，“你跟着吧，就叫师傅吧，言传身教会印象深刻一些，总比你们在黑暗中无头绪地摸索要好一点。”

【解说】面对突发事件，朱国茂冷静果断，处理日常工作，他也细致用心。2013 年，来自山东的农业投资者季建潍被朋友推荐来西华投资农业种植园。对于外来投资者来说，农业投资的关键是自然环境和社会治安，而后者则是重中之重。季建潍的香蕉种植基地有两千多亩，要经过橡胶林，再拐入凹凸不平的土路，行驶很长一段距离，才能抵达工人们的板房。人生地不熟的他，心里总牵挂着基地的安全问题。开发初期的一天，香蕉基地里突然来了辆警车，这不免让他有些忐忑，莫非工地上出了什么事吗？

【同期】季建潍　投资者

从车上下来了一个公安民警。他就问我："你是那个季老板吗？"我说是呀。

【解说】来人见季建潍很紧张，赶紧说明来意。

【同期】季建潍　投资者

（民警说）"我们朱所长安排我们来的。听说你们新来开发投资，有可能会遇到一些情况，就让我们治安巡逻的时候经常到你们工地转一下。"并且他把所长的电话也留下，说有什么事情随时跟他们联系就行了。

【解说】民警的意外到访，让季建潍这个"外来人"，心里踏实了许多。过了不久，朱国茂亲自上门拜访了季建潍，让他有什么事一定及时和自己联系，这让季建潍原本不安的心，一下子变得热乎乎的。无论是出于感谢，还是加深交情，深谙人情世故的季建潍都想着给朱国茂送点什么，但从来没有成功过。

【同期】季建潍　投资者

出于感激呢，我们也想给他送点礼品，他从不接受，也没有接受我们的宴请。不用说宴请了，就是小请，吃个便饭他都不去。

【解说】送礼不要、请客不到的朱国茂所长，都在季建潍遇到麻烦时，随叫随到。有一次因为土地纠纷的事情，季建潍与当地农民协商无果，他就给朱国茂打了电话。朱国茂立即和农场领导赶到基地处理，并现场调解给出了解决方案。这样的行动效率，让季建潍十分敬佩，也感动不已。

【同期】季建潍　投资者

在我认识的朋友当中，尤其是公安民警，朱国茂应该说是非常优秀的人。他去世已经一年多了，有时都不敢多想，一想到他，尤其是一回想他的那些过去，我们在一起的点点滴滴，就为这样的好人早早离去感到惋惜、感到痛心。

【解说】2016 年 3 月 6 日凌晨，朱国茂在连续高负荷工作一个月后，突发心肌梗塞，经抢救无效殉职，年仅 51 岁。

【解说】朱国茂自参加公安工作以来，先后荣获过个人“三等功”3 次，获得“优秀共产党员”、“优秀民警”、“普法先进工作者”、“先进个人”、“先进生产工作者”等 32 项荣誉，2016 年 11 月，朱国茂被推选为“感动海南”2016 十大年度人物候选人、

2017 年荣获公安部“情满万家·公安派出所好民警”荣誉称号。

【同期】范华平　海南省公安厅厅长

朱国茂同志入警 28 年，一直在一个派出所，把派出所当做自己的家。就是以所为家兢兢业业，勤奋工作。作为我们公安战线的英模，值得全省公安机关和全省的公安民警向他学习。

【解说】这名基层派出所所长低调质朴，默默奉献，一本本警情日记，没有豪言壮语，却行胜于言；一年年坚守基层，没有骏业奇功，却平凡伟大；一辈子尽职尽责，没有留下影像，却活在了人们的心里。

【字幕板】

我是一名警察，警察天生就是受累的，警察受累，老百姓才有平安，

——朱国茂

【主持人】整整 28 年，朱国茂一直在西华工作，他就像一颗钉子，牢牢钉在这个偏远艰苦而生活单调的乡镇农场。“一个警察应有的样子”是怎么样的？如果说穿上警服时的铁面无私，是责任担当；那脱下警服时的侠骨柔肠，便是为民真情。而在西华人心中，朱国茂就像一棵根深叶茂的参天大树，为西华人遮风挡雨；也像一位勇敢博爱的守护者，坚定地守护着这方土地。

拳拳为民心 殷殷警民情

【农场大景】

【解说】20世纪90年代初开始，由于农垦体制改革。西华农场部分工人和干部被分流，农场职工“只出不进”，许多居民无法就业。其中大部分的无业居民，就分布在当时还属于西华农场的红灯村。

【符春学】贫困。我们进场以后，就靠农场给一点米。给点米，割点橡胶。像我们这种家庭，那么大的家庭，能有什么？

【解说】符春学家中有6个兄弟姐妹，家里又没有固定收入，生活十分艰难。当时就读初三的符春学，因为没钱吃饭，经常跟着同学到农场招待所，偷吃剩饭充饥。那一次，恰巧被朱国茂逮了个正着。

【符春学】那时候抖，还要哭啊。别说是抖、哭，连走都走不动了。脚软了走不动了，一看到穿（制服）的就软了。

【解说】朱国茂了解了符春学的家庭情况后，就让他走了，并为他保守了这个“秘密”。

【符春学】如果讲出来的话，对我整个人生，还有对我兄弟姐妹、我父亲他们打击是很大的。所以他没讲出来。这个给我们是最好的了。

【解说】早些年，西华农场长年受干旱影响，农作物欠收，人们绞尽脑汁增加收入，大家想到了捡胶泥，拿到外面去卖。

【符春学】像我们捡的那个胶泥，如果我们不捡，它在地上真正是废物，没有用的。

【解说】橡胶液滴落地面，与泥土、树叶等混杂形成“胶泥”，如果长期不捡就会废弃。可是因为橡胶归农场所有，私捡胶泥在当时被视为“偷”。那时候，几乎每天都有人因为捡胶泥被抓到。

【符春学】我们村有个老太婆，捡点胶泥，就被他们保安队抓到了，要罚钱。我说老人去哪里要两百块钱罚。

【解说】因为村里的叔婆被保安队抓了，符春学迫不得已，找到了朱国茂。

【符春学】那时候他就讲，挖胶泥是好事啊，动员起来挖胶泥更好啊。

【解说】在朱国茂看来，捡胶泥不仅能增加贫困居民的收入，还能给胶厂带来经济效益，同时又能保护胶林环境，一举多得。他多次跑到农场进行沟通协调，在他的坚持不懈的努力下，农场允许居民有组织地捡胶泥，并以每斤 5 毛钱的价格收购。

【符春学】动员家庭比较困难一点的，还有小孩读书的。他就叫我动员这几种类型的人去挖胶泥。

【解说】大家每天穿梭于农场各连队的橡胶林，靠捡胶泥，每人每天能有 50 元左右的收入。

【符春学】高哦，就是很高了，当时是很高哦。那时候四五十块钱对我们的帮助是大大的了。

【配音】“捡胶泥”帮助了很多人，也是从那时候起，符春学的生活慢慢稳定下来，在朱国茂的影响下，还搞起了种植，生活越过越好了。

【红灯地区大景】

【配音】一个地区的稳定，与当地群众的脱贫致富分不开，担负一方平安的朱国茂深知这一点。符绵普也是红灯地区一名地地道道的贫困户，他与朱国茂的交情，开始于自家的甘蔗地里。

【符绵普】治安检查去了以后，他就看到我在那边种甘蔗，那时候也是刚刚开始，甘蔗长这么高。

【解说】因为没有钱下肥，符绵普的甘蔗长势不好。

【符绵普】他说你这样搞就不对了，这样搞长不好的。我说："有什么办法，没有钱投了。"当时经济是很困难的。

【解说】聊了没多久，朱国茂就离开了。因为此前两人也就是点头之交，并没有太多交集，这事符绵普也就没放在心上。可是，第二天清晨，朱国茂骑着摩托车又出现了。

【符绵普】他说弟侬，我小名叫弟侬，他说弟侬你过来。我看到他拿了一叠钱。他说先拿五千块钱去，去买一点肥料过来。

【解说】当时大家经济条件普遍较差，五千元可是一笔"巨款"，何况两人又非亲非故，朱国茂这突如其来的善意，着实让符绵普深感意外。

【符绵普】我说什么啊。一下子我都瞪大眼睛了。我说拿那么多钱给我干嘛？他说没事的，当我借给你吧，你先把这个搞好。

【解说】拿着朱国茂借的钱，符绵普买来了肥料，开沟下肥，甘蔗的长势这才有了好转。

【符绵普】没有这五千块钱的话，等于是绝收的。因为你种下去没有肥啊，搞了也没用的。

【解说】此后，每次治安检查，朱国茂都会顺路到符绵普的甘蔗地转转。

【符绵普】到年底砍甘蔗时，他还帮我找票，帮我找车。当时进厂的甘蔗票是要排队的，车也是很难得的。

【解说】一来二去，符绵普成了朱国茂茶桌上的常客。凭借着朱国茂的帮衬和自己的努力，符绵普建起了香蕉基地，还买了车，成了当地有名的老板。

【场部街景】

【解说】在朱国茂帮助下改变命运的人，还有很多。王明鑫是农场的一名孤儿，从小被寄养在亲戚家中，因为缺乏管教养成了叛逆的性格，少年时期就与社会上的闲散青年厮混，时常聚众生事。

【王明鑫】一年可能被抓有二三十次吧。有次我们打架打到人数太多了，他就直接拔枪指向我们。他说如果你们再不听劝的话，那我也没办法了。

【解说】2011 年，23 岁的王明鑫广派喜帖，准备结婚。但因与人发生口角，将对方砍伤，在朱国茂的劝说下到公安机关投案自首，最终被判入狱三年。王明鑫认为，是朱国茂毁了他的人生。

【王明鑫】我很恨他啊，以前我很恨他的。

【解说】出狱后的王明鑫，由于心态失衡，对社会产生仇视心理，此时的他极容易因为再次犯事而“二进宫”。朱国茂反复提起，让王明鑫到派出所找他喝茶。

【王明鑫】他说：“哎，我叫你来找我，你从来没有来过哦。”后来我回去我慢慢想了一下，这样说的话我应该要去找他一下。

【解说】熟知朱国茂的人，都知道他爱找人喝茶。就在派出所的茶桌上，失足青年王明鑫的人生轨迹开始发生了转变。

【同期】王明鑫 群众

就是因为我出来过后，一直都是他在指导我，指引我去做什么事、该不该做，包括很多做人啊、做事的一些道理，他都会跟我说。

【解说】由于文化水平低，加上又有前科，王明鑫找工作屡屡碰壁。朱国茂给他出主意、牵线搭桥，帮助他做起了贩卖竹子的生意。在朱国茂的鼓励下，王明鑫还开始从事装修，生活慢慢步入正轨。

【王明鑫】一下有这么一个人在你旁边，你去做对的事、错的事，都有人关心你，就像一个父亲那样。

【解说】朱国茂的关心和照顾，让从小就是孤儿的王明鑫，越来越深地感受到不曾有过的父爱，而朱国茂也把王明鑫当作自己的儿子一样，就连自家清明节扫墓都会带上他。

【王明鑫】他说要把我自己的性格要变好，他最大的梦想，就是希望我不要再回到监狱去。好好做人。

【解说】朱国茂对农场辖区青年的帮扶，重振了他们的生活信心，让他们真正融入社会，开启了全新的生活。

【西华副场长】我们西华出狱的人几乎没有第二次再进入监狱的。

【解说】28年的基层从警路，朱国茂走遍了西华的各个角落，也走进了辖区百姓的心里，在当地留下了许多动人的故事，成为了人们心中名副其实的“守护神”。

【符春学】他给我们带来了安全感。做什么都感觉自己安全，无忧无虑。无论我做什么工，我都感觉安全。

【王明鑫】人家讲的时候，真的我一点都不相信。很伤心的，自己一个人坐着喝茶，就自己一个人流泪啊。

【符绵普】心很痛的。我现在好过了，赚到一点钱了，想跟他分享，又找不到他了。

【符春学】照片我也有，他的电话号码我也留，久不久拿来看一下，自己感觉安全感真的还在，还是那么信任他。我感觉他什么时候都是那么精神。

【主持人】钱还上了，情再也还不完。朱国茂为辖区百姓做的事情，太多太多了，他真挚的为民情怀，感染了每一个人，朱国茂这三个字，已经深深地刻在了大家心里。朱国茂是一位人民警察，但他同时还是一位丈夫、一位父亲。如今，这位丈夫、这位父亲，就这样在工作岗位上闭上了双眼，永远睡去了。他欠妻子一个白头到老，欠儿子一个如山依靠。

铁骨柔情为亲人 良好家风传后人

【解说】在同事的眼里，朱国茂是个兢兢业业、以所为家的好干部；在群众眼里，他是一身正气、敢作敢为的好所长。身为警察，朱国茂敢管敢干，难免“得罪”人。在一些案件中，嫌疑人被抓后，总会有家属前去求情，希望“网开一面”。面对这种情况，朱国茂总是“绝不妥协，绝不含糊”，有不法分子甚至声称要绑架伤害他的妻儿，朱国茂担心家人的安全，想出了一个办法。

【同期】邱少英 朱国茂妻子

他会想着拿背包绳来系在阳台上，叮嘱我说，万一前门出不去，你记得从后边绳子爬下去。

【解说】但即使这样，朱国茂依然没有向犯罪分子妥协，没有违心办过一桩案件。朱国茂曾不止一次地告诫家人，不许打着他的旗号办事，更不能收礼、许诺别人的请托事由。

【同期】邱少英　朱国茂妻子

一个就是有人来家里找我的话，你就让他们去所里头找我。再一个别人要来送礼，你不可以收。

【解说】2007 年 10 月，场部村民韩某因为参与盗伐防风林被西华派出所捉拿归案，韩某妻子何金花三番五次向朱国茂求情，甚至成了朱国茂家里的“常客”。

【同期】何金花　西华农场群众

去找所长求情是最难最难的。我在他家里哭，哭了很久很久，又一直坐在他家里求他，他也一句话都不说。我去了又去，早上去、下午去、每天都去，也没用。

【解说】无论她怎么折腾，朱国茂始终没有松口，只告诉她一切会按司法程序走。讨不到好处的何金花只能讪讪地回了家，再也不提求情的事。因为“不近人情”，朱国茂也因此落了个“假刁所长”的称呼。“假刁”是当地方言，意为清高、傲慢。邱少英了解丈夫的为人处事，这些年到家里求情的人也不少，她都挡了回去，丈夫说过的话她一直记在心里。

【同期】邱少英　朱国茂妻子

他说你干这一行的，你自己不自律，你拿人家的手短，你吃人家的也就嘴软，然后你以后怎么开展工作呀。

【解说】对于外人的请托，朱国茂不为所动，对自己的亲人也从不护短。朱志辉是朱国茂的侄子，2012年，因为交友不慎，染上了毒瘾。吸毒最凶的时候，他瘦弱到连路都走不稳。

【同期】朱志辉　朱国茂侄子

旁边人说我好像背驼驼的，风吹都倒那种样子。

【解说】得知侄子吸毒后，朱国茂亲自带着民警抓捕了朱志辉，并把他送去了戒毒所强制戒毒。

【同期】朱志辉　朱国茂侄子

我这个（疤痕）是我叔叔留下来的。他拿手铐拷我，是反铐。当时我生气，就说他六亲不认。就是这样子，把我当犯人那样子铐。毕竟我是他侄儿，是不？当时我那几天的想法就是让他生气。

【解说】在戒毒所，朱志辉想了很多，慢慢理解了叔叔的做法，气也消了。两年后，成功戒掉毒瘾，走出戒毒所大门的他，打的第一个电话就是给叔叔朱国茂的。

【同期】朱志辉　朱国茂侄子

如果不是他，这个关我自己是过不了的。我就想让他知道，我成功了。

【解说】朱志辉和叔叔做了个约定，用一年的时间来调养身体，不再复吸，好好找份工作干，可他怎么也想不到，叔叔没能等到这一天。

【同期】朱志辉　朱国茂侄子

前几天我去他坟前跟他说，我说："你最希望的是看到我现在这样健康的身体，虽然我现在不是很肥，但是我以前没有这样的身体。"我就希望他现在能看到我现在这样的身体。

【解说】对待吸毒的侄子，朱国茂"冷酷"无情，而对于一家三口的小家庭，朱国茂留下的几乎都是忙碌的身影。邱少英还记得，20 多年前，她被推进产房，直到需要家属签字确认进行剖腹产，朱国茂才匆忙赶到。邱少英心理不免有些埋怨丈夫，可这样的埋怨很快就消解了。出月子后的一天，邱少英抱着孩子在马路边散步，想不到经过她身边的人，不管认识不认识的，都来跟她打招呼，逗孩子玩。

【同期】邱少英　朱国茂妻子

我就说你们认识我家老公嘛？他们说，"认识呀，你老公这个人很不错呀，办事很认真。我们去找他，他都很热情地接待我们。"都是这么说。所以当时感觉挺高兴、挺欣慰的。

【解说】邱少英理解了丈夫的付出和坚持。朱国茂务实，不浪漫，却总会在不经意间给家人温暖。邱少英40岁生日那天，就收到了一份丈夫送给她的惊喜。

【同期】邱少英　朱国茂妻子

他下班的时候，拿了个东西给我，说："今天你生日，送一条项链给你。"然后帮我戴上去。当时我挺感动的。

【解说】这条项链，邱少英一直戴到现在，戴着这条项链，她的心感到很踏实、很安全。朱国茂不爱照相，全家人唯一的合影，还是儿子一岁时照的。作为父亲，朱国茂陪伴儿子的时间不多，儿子记忆最深的，是父亲教他做人做事的道理。

【同期】朱志翔　朱国茂儿子

以前遇到事情就哭嘛。小时候，他说哭不能解决问题，所以叫我不要哭。然后就尽量想，去怎么把事情解决。

【解说】在朱志翔的心中，父亲的爱是无形的，潜移默化的，让他懂得，让他成长。他说父亲去世那天，当他看到父亲的遗体时，他感觉自己一下子长大了。

【同期】朱志翔　朱国茂儿子

第一个想到的是他跟我说过的话。他说你是独立的，他说遇到事情不能慌。然后我当时就想到他的这些话，就去安慰我老妈，说，“不用怕，家里面还有我，还有我可以扛住。”

【解说】2017 年 3 月 29 号，邱少英代丈夫领取了公安部颁发的“情满万家·公安派出所好民警”奖杯。她更新了一条朋友圈，“另外一个世界的你知道吗？”并配上了奖杯的照片。

【同期】邱少英 朱国茂妻子

其实每个人来到这个世界上，可能都会带一些使命来。我想他的使命可能就是做一个好警察。虽然是他个人获奖，但是也代表他这个职业里头，很多像他一样这么勤勤恳恳的人，他不过就是他们的一个缩影。

【主持人】有人问——是什么力量，让一位人民警察抓捕犯人时，不顾个人安危冲在最前面？是什么力量，让他脱下警服时，依然把当地村民当成亲人来帮扶？又是什么力量，让他一笔一划写下 28 年的从警人生之重，直到生命的最后一刻。通过同事、乡亲和家人的讲述，我们触摸到了这些问题的答案——那便是精神的力量，是一名共产党员信仰的力量。力量之中，洋溢着埋头苦干的特区精神和无私奉献的椰树精神。而这种精神，正是我们建设美好新海南迫切需要的，也是他对党和人民——永远的忠诚。

省领导肖莺子、范华平会见朱国茂家属及其先进事迹报告团成员

2017 年 9 月 5 日，时代楷模，特区的脊梁——海南时代楷模发布会之致敬朱国茂同志

海南时代楷模发布会

——致敬儋州市公安局西华派出所所长朱国茂

这里是海南时代楷模发布会，我们在这里，要隆重发布海南时代楷模。

为了发挥先锋楷模引领作用，弘扬特区精神和椰树精神，中共海南省委宣传部推出《海南时代楷模发布会》，希望通过此次发布会生动展示楷模的感人事迹和高尚情操，推动全社会形成尊重楷模、学习楷模的良好风气，为建设美好新海南凝聚期强大的精神力量。

伟大的时代，呼唤伟大的精神。特区精神、椰树精神，无疑是海南时代精神的写照。当小写的个人，将人生的意义写入了时代洪流，这个人也就成了大写的人，成了时代楷模。

他叫朱国茂，儋州市公安局西华派出所的一名普通的人民警察。2016 年 3 月 6 日凌晨，他突发心肌梗塞因公殉职，年仅 51 岁。他的事迹走进海南人民乃至全国人民的视野，感动、激励了无数的人。2017 年 8 月，省委以《决定》的庄严形式，追授其“海南省优秀共产党员”称号。

2017 年 8 月 25 日，海南省委书记刘赐贵在儋州看望慰问朱国茂同志家属及其先进事迹报告团成员。他说，朱国茂同志对人民群众全心全意地服务；对犯罪分子敢于斗争、不怕牺牲；对当地老百姓和投资企业怀有深情、甘于奉献，是全体公安政法战线的楷模，充分体现了敢闯敢试、敢为人先、埋头苦干的特区精神。

一位普通的基层人民警察，究竟做了什么，能够被人们这样铭记，今天，就让我们回到西华，回到他曾经工作的地方。

警情日记铭刻忠诚 二十八载坚守

整整 28 年，朱国茂一直在西华工作，他就像一根钉子，牢牢钉在这个偏远艰苦而生活单调的乡镇农场。

从他的从警生涯里，我们其实不难发现，这么多年，朱国茂获过很多荣誉，政治上应该有很大提升空间，但他从没有向组织要求换工作，更没有为自己“跑官”“要官”。反而把最危险、最困难的工作留给自己。

我们不禁要问，朱所长你这是图啥啊?

所以接下来，就让我们请出西华农场驻地企业家季建潍和采访朱国茂事迹的新华社记者吴茂辉，请他们来讲讲，他们眼中的朱国茂，或许我们能够找到答案。

【人物访谈：访谈农场投资者和朱国茂事迹采访者】

【姚伟成】

主持人：姚警官，您和朱所长共事25年，可以说是他的老同事了，也是见证着西华地区的治安一点一点地变好，您觉得朱所长到底厉害在哪？

姚维成：28本日记，学习能力，办案能力，业务能力、传帮带……

主持人：在采访过程中，我们在朱所长的遗物中发现一个水烟筒，这是干什么的？

姚维成：西华治安好，因为朱国茂群众工作做得好。没有架子。西华的山记得他，西华的水记得他，西华的人更记得他。

【季建潍】

主持人：季大哥，刚刚我们在短片中看到，您提到朱国茂所长的时候，都有些哽咽了。看起来您和朱所长感情特别深。

季建潍：是的，我来西华以后，他帮我很多，做种植园，很多土地纠纷，他都是不厌其烦地来帮我解决。当时对他非常感激。后来有一次，我们在那大城里和技术人员谈完事，他开车送我们回西华，车子快速行驶中，他突然猛踩刹车减速。我疑惑地问他："前面没有车，怎么突然减速？"他指着一位走在道路边的妇女说："地上有水坑，猛开过去，水肯定会溅她一身。"就是这个微小的细节，给我印象太深了，我当时觉得，这个人值得交。

主持人：和他在一起相处两年，您怎么评价他？

季建滩：第一是好人，第二是好警察，第三是好所长。他经常和我说，只要把一个地方的经济发展起来，大家都有事做，大家的收入都增加了，很多治安问题便会自动得到解决。这看法十分有见地，让我从内心深处真正地感到这个人了不起。

主持人：谢谢，谢谢您。好人，好警察，好所长，相信这是对朱国茂最中肯的评价，他总是用真诚真心去对待每一个人，也才能收获大家的真情真意。

【吴茂辉】

主持人：这位是我的同行吴茂辉，一名新华社记者，他是最早去采访朱国茂事迹的媒体记者。我想问问您，当初怎么想去采访他呢？

吴茂辉：其实，对朱国茂同志的采访是从他去世后才开始的。当时我在儋州采访另一件事，一位朋友告诉我说，西华有个派出所所长因病突然去世了，当地竟然有上千群众自发前去送行。职业敏感告诉我，这个人有故事。我立即开始采访，果然，随着采访不断深入，朱国茂的形象一次又一次地显现出来，他的事迹也一次又一次地让我感到震撼。

主持人：采访过程中，您觉得最震撼你的是什么？

吴茂辉：朱国茂是一个凡人，也有自己的简单梦想。结婚时他曾跟他妻子说，将来有机会一定要带她去三亚看一看，逛一逛，但这么多年过去，他一直忙碌在岗位上，当初的誓言竟然成为一个永远无法兑现的承诺。一个海南人，在这片土地上生活了半个世纪，却没去过三亚。这固然是一种巨大的遗憾，一种失约，但更是一种光荣的坚守！

还有一件事，朱国茂孩子8岁那年，西华地区多发儿童溺亡事故，为此朱国茂不得不在百忙中抽空带妻儿到兰洋温泉去学游泳，那短短的几天时光，也成为他们一家三口仅有的，真正感到轻松快乐的时光。

吴茂辉：在我采访朱国茂事迹的日子里，所有问到的人，谁都能讲出一大堆朱国茂的故事，每一个故事都是那么真实而感人。有件事也许很微不足道，但我却想说一说：在朱国茂的生命岁月中，他竟然没有留下一张生活照片，在家里，在所里，我们除了找到几张证件照和工作照之外，其他的照片竟然一张也没有。我无法想象，在这样一个数字时代，在摄影拍照几乎成为时尚的今天，一个人到底要工作狂到何种程度，才能不留下一点点工作之外的影像。

主持人：看来您也是被深深地感动了。

吴茂辉：是的，朱国茂就是一个有着不凡人生的凡人，是一个不忘初心的人民警察。在他身上，有着人民警察不怕死、不怕苦的凛然气概，有着基层所长勤于学习、精于带队的优秀品质，更有着一名共产党员不求回报、忠诚奉献的无私精神。无论什么时代，都需要英雄，无论什么时代，英雄终将会被铭记。朱国茂不忘初心，人民不忘朱国茂。

主持人：谢谢！

拳拳为民心 殷殷警民情

“一个警察应有的样子”是怎么样的？如果说穿上警服时的铁面无私，是责任担当；那脱下警服时的侠骨柔肠，便是为民真情。让我们通过当地百姓的讲述，来感受朱国茂留在人世间的温度。

在西华人心中，朱国茂就像一棵根深叶茂的参天大树，为西华人遮风挡雨；也像一位勇敢博爱的守护者，坚定地守护着这方土地。

朱国茂去世后，短片中的王明鑫跑到他家，证实他确实“走了”之后，一个人伤心地哭了。那一天，他失去了一位信任他能改过向善的警察叔叔，失去了一位帮助他扭转生命轨迹的至亲长辈。

没有失去的，是那份永远珍藏于心中的回忆和感激。

【人物访谈：访谈朱国茂同志帮助对象】

【王明鑫】

主持人：阿鑫，让你现在有这么大的改变是朱所长。此时此刻，站在这里你有什么话想对他说吗？

王明鑫：朱所长，很感激你这一路对我的教导，虽然你不在了，但是你对我说过的每一句话，我都会记在心里，以后无论我碰到什么事，都会想到如果你还在，会希望我怎么做，我一定会好好做人做事，不辜负你对我的期望。

主持人：朱所长的激励和教导，已经深深地烙印在了阿鑫的身体里，我们也相信阿鑫今后的人生路会越走越好。

【符绵普】

主持人：在你眼中，你觉得朱所长是怎么样一个人？

符绵普：他就像是我们的朋友、兄弟，甚至亲人一样，农场里谁家遇到困难，他都会本能地去帮助，哪怕他自己也有很多事要处理。

主持人：符大哥有个词用得非常好，“本能”，本能地去救助那些陷入困境的人，本能地去帮助辖区的百姓，这是一种发自内心的，抑制不住的情感和举动，因为他心里装着每一个人，想着大家好不好，日子过得顺不顺。

【符春学】

主持人：春学大哥，您在短片中说朱所长给您带来了“安全感”。

符春学：嗯，因为一直以来，朱所长都是我们的主心骨，一个精神支柱，现在没有了。

主持人：今天跟春学大哥见面的时候，他跟我说起了一个隐藏在他心里，从未提起的秘密，春学大哥愿意在这跟我们分享一下吗？

符春学：我以前非常好赌，有几毛钱都要赌光，就算让我赢了，都要连夜去敲门找人赌，输光才回家睡觉，村里人都叫我二赌。那时候我大儿子要上小学，但是学费被我赌输光了，朱所长经过我家门口，无意中听到我老婆在哭，他就叫我出来，给了我五百块钱，跟我说这个钱给孩子交学费，什么钱都能赌这个钱你不能赌了，就是从那时候起，我就决心戒赌了。

主持人：这是好事啊，为什么不敢提起呢？

符春学：这五百块钱，我后来很多次想要还给朱所长，他不让我还，现在他过世了，我不敢说出来，因为我怕说出来，钱可以还上，但我欠他的情，永远都还不完了。（回头看大屏上的照片）

主持人：钱还上了，情再也还不完。朱所长为辖区百姓做的事情，太多太多了，他真挚的为民情怀，感染了每一个人，朱国茂这三个字，已经深深地刻在了大家心里。

铁骨柔情为亲人　良好家风传后人

他是一名人民警察，但他同时还是一位丈夫、一位父亲。如今，这位丈夫、这位父亲，就这样在工作岗位上闭上了双眼，永远睡去了。他欠妻子一个白头到老，欠儿子一个如山依靠。通过一个视频，来走进身为丈夫、父亲、亲戚的朱国茂。

“另一个世界的你知道吗？”这是家人对朱国茂

最深切的思念。

朱国茂走了，但党和人民没有忘记他。

省委书记刘赐贵在儋州看望慰问朱国茂同志家属时，对朱国茂家人30年来给予朱国茂工作上的默默支持和奉献表示感谢。他嘱咐朱国茂的妻子邱少英说，生活上有困难要及时向组织反映。他叮嘱朱国茂之子朱志翔，继承父亲的优良作风，从严要求自己，做好本职工作，孝敬照顾好母亲。

今天，我们特别请到了朱国茂的妻子和儿子，让我们用最热烈的掌声感谢他们的到来。

【人物访谈：访谈朱国茂同志的妻子、儿子】

【朱志祥】

主持人：志翔，其实你和父亲相处的时间很少，在你眼里你觉得他作为一个父亲，称职么？

朱志祥：称职啊，虽然在一起的时间少，但是他一有时间就会和我聊天，教我做人做事的道理。他跟我交流说得最多的就是，要做一个正直诚实、有爱心的人。在我心中，父亲是一个一身正气的人。他把警察这份职业看得很重要，而且从不向坏人低头，我很骄傲有这样的父亲。我现在唯一后悔的就是他在世的时候没有多和他聊聊天，多给他一个拥抱。

主持人：我想父亲听到你说的这些话，应该会感到高兴吧，儿子长大了，可以替父亲扛起家庭的责任了。

【邱少英】

主持人：我们知道朱所长是突发心肌梗塞去世的，对您来讲肯定是不小的打击吧。

邱少英：我和朱国茂结婚26年，26年来，他用一个男人的肩膀，支撑起我和孩子的生活，也支撑着他那份无比珍重的警察职业。这么多年里，每当我回到家，就算他不在，但看到他换下的衣服、看到他急匆匆忘带的东西、看到我煮好的饭菜热了变凉、凉了又热，心里也感到特别踏实。这辈子，总是我等他回家的时候多，我总想，等他忙完工作就一定会回来的，可是现在，我等不到他回来了……

主持人：这些年挺不容易的吧，他一直忙，很少顾家，后悔嫁给他吗？

邱少英：从谈恋爱到结婚，我跟他走过了28个年头，其实刚开始看他其貌不扬的，但是跟他相处起来就觉得这个人很诚实、善良，想法也很成熟，是一个靠谱的男人。生活中他会用实际行动来关心我和孩子。我跟他都喜欢喝茶，每次他回家吃完饭，他不管多累都会给我泡茶喝，坚持了几十年。虽然他为我做的事情不多，但是泡茶这件事情他能坚持这么久，我就觉得是一种很特别的关爱。他的关心总在不经意间，嫁给这样一个人，我不后悔。

主持人：有人问——是什么力量，让一位人民警察抓捕犯人时，不顾个人安危冲在最前面？是什么力量，让他脱下警服时，依然把当地村民当成亲人来帮

肖莺子为朱国茂颁发“海南时代楷模”奖杯和证书

扶？又是什么力量，让他一笔一划写下28年的从警人生之重，直到生命的最后一刻。通过同事、乡亲和家人的讲述，我们触摸到了这些问题答案——那便是精神的力量，是一名共产党员信仰的力量。

力量之中，洋溢着埋头苦干的特区精神和无私奉

献的椰树精神。而这种精神，正是我们建设美好新海南迫切需要的，也是他对党和人民——永远的忠诚。

主持人：字字句句，镌刻着一位人民警察的担当，激荡着一个共产党人的情怀，朱国茂掷地有声的人生，堪为楷模。接下来，我们要发布海南省委宣传部关于此次“海南时代楷模”荣誉称号追授决定。

【海南时代楷模发布】

海南省委宣传部对儋州市公安局西华派出所所长朱国茂同志表彰决定。

在朱国茂身上，我们读到了共产党员的“忠诚，干净，担当”。

像朱国茂这样的时代楷模，是特区的“脊梁”，是海南时代精神的灯塔。

我们学习朱国茂，就是要以朱国茂同志为榜样，进一步坚定理想信念，学习他身上敢闯敢试、敢为人先、埋头苦干的特区精神，为加快建设美好新海南作出更大贡献。

最后，让我们为朱国茂，为像他一样扎根基层，默默奉献的人们献上一首歌，让理想信念的薪火，熊熊燃烧。

永远的忠诚

有一种美，来自天然，你是群众心中最美的风景；

有一种美，来自心田，你心系百姓，爱人如己春风化雨。

你是大山的儿子，把脚印洒向基层，28 年流逝的光阴将奉献的酒杯盛满；

你不是学者，却用自己的行动向人们讲述着一个浅显易懂的道理——奉献。

你是无私的奉献。当西华派出所的电话叮铃作响，当警车里的传呼机次次呼喊，当警笛呼啸，当警报响起，你总是顾不上彻夜的辛苦，披上警服，出警、出警！

你是无奈的付出。除夕之夜，当亲友欢聚一堂的时刻，你正在电话前接听，正在前往案发现场的警车里沉思。

“爆竹声中一岁除”，你却在警笛呜呜中迎来新年。

你是无言的誓言。无言回报、无言代价、无需长篇大段的自白，无愧于己、无愧于心，贡献出青春、汗水与热血。无言的微笑足以让你的背影伟岸。

日落又升，草黄又青，一次次，你送走满天的星光，一次次，你迎来灿烂的朝霞，你把责任汇聚成海洋，蔚蓝了群众的心，铸就了一方土地的安宁。

在清晨的雾色中，有你走过的身影；在炙热的阳光下，有你匆匆的脚步；在午夜的月光里，有你坚定的步伐。

你说，你是丈夫和父亲，可你也是警察，是人民的公仆，你送给群众的是阳光、是平安，而留给家人和自己的却永远是牵挂、是酸涩。

作为一个海南人，你没有去过三亚，没有旅过游，陪伴你的只有西华的胶林和椰树，你说，你要像椰树一样，默默生长，不计较、不索取，努力工作，无私奉献。

你说，选择做警察，就要无愧于伟大的时代，无愧于母亲祖国，无愧头顶上金光灿灿的警徽，无愧于在世上走过一遭的你。

你说，你头顶国徽，代表政府，心中就要装着人民，你要用生命的全部，践行警徽之前的煌煌誓言。

你说，自己普通得如一棵小草，普通得如一粒细沙，但就是这一棵棵小草，染绿了一片土地映红了一束鲜花，就是这一粒粒细沙支撑起美好新海南平安的大厦。

为了百姓安宁的梦想，为了心中的一轮朝阳，你日夜奔忙。现在你累了，你要休息了，可是在西华的街头，我怎么仿佛又看见你在狂风中巡逻，在细雨中执勤，在骄阳下站岗。

辉煌盾牌写春秋，铁血肩章竟风流，你把你的生命溶入到了人民的心中，28 本警情日记，就是你永远的忠诚，就是你闪光的丰碑。